日韓の歴史をたどる

支配と抑圧、朝鮮蔑視観の実相

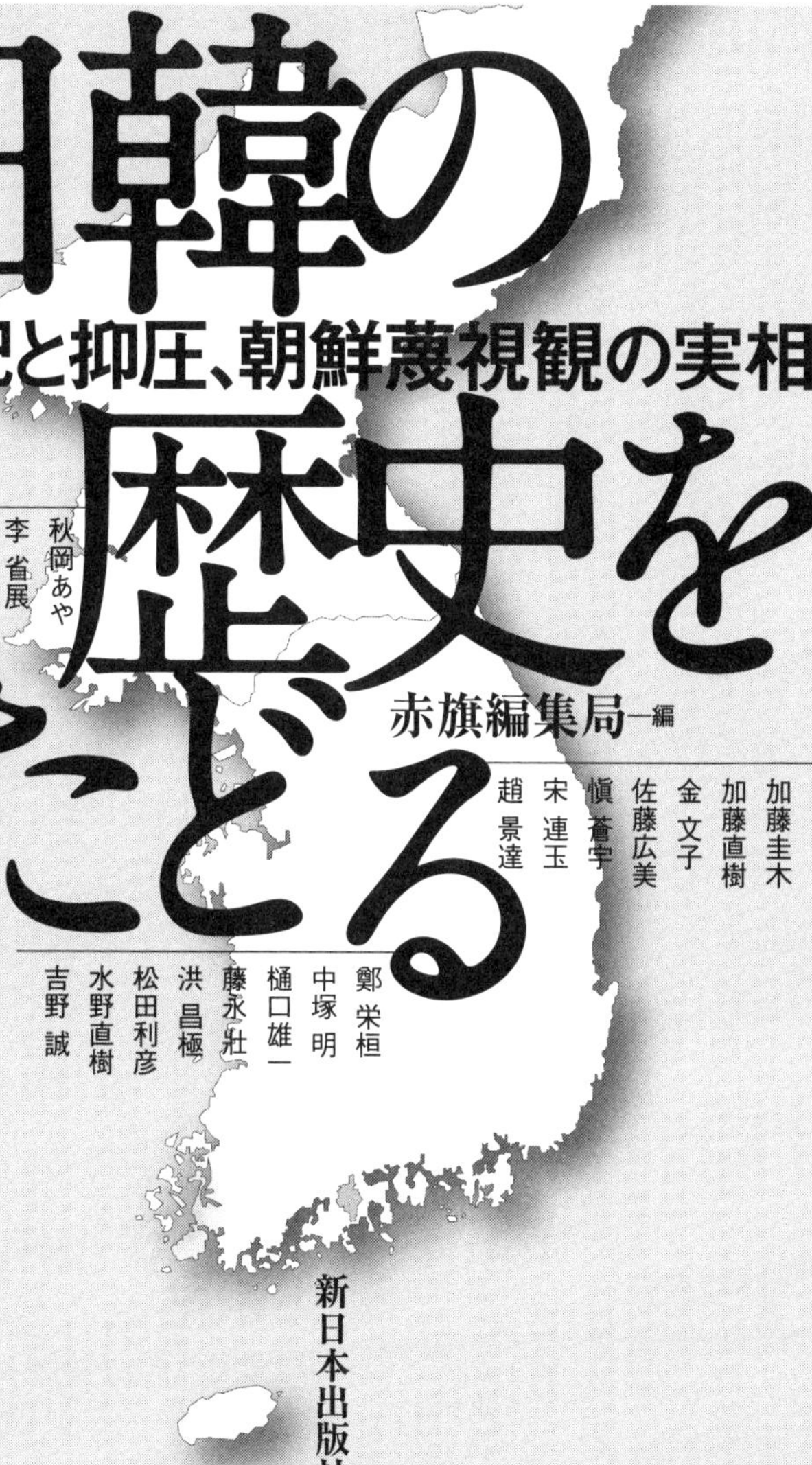

赤旗編集局―編

秋岡あや
李 省展
板垣竜太
井上勝生
糟谷憲一
加藤圭木
加藤直樹
金 文子
佐藤広美
愼 蒼宇
宋 連玉
趙 景達
鄭 栄桓
中塚 明
樋口雄一
藤永 壯
洪 昌極
松田利彦
水野直樹
吉野 誠

新日本出版社

はじめに

２０１８年10月、韓国の最高裁にあたる大法院が日本企業に戦時中の徴用工への損害賠償を命じると、それをきっかけに、日韓関係が急激に悪化しました。「決着済みのことを蒸し返す、国際法違反の韓国」という当時の安倍首相の言い分を日本のメディアはそのまま流しました。

日本政府だけでなく日本国民にも、戦前に日本が朝鮮半島で何をしたかの認識がすっぽり欠けている――。自分自身を省みてもそう感じ、「しんぶん赤旗」文化面で始めたのが「日韓の歴史をたどる」シリーズでした。19年４月16日付から21年１月13日付まで32回にわたり各時代の専門研究者に書いてもらうことができました。

自分自身の歴史認識を振り返ると、高校までは日本の戦争と言えば１９４１年12月から４年間〝アメリカとたたかった〟太平洋戦争でした。高校３年の時、本多勝一氏の『中国の旅』を読み、日本がたたかったのはアメリカというより中国で、中国侵略の結果、米英とたたかうことになったのだとわかり、１９３１（昭和６）年の満州事変から、37年の日中全面戦争を経て45年の敗戦までつながる「15年戦争」という歴史認識を得ました。学校教育の中だけで15年戦争という認識を持つことはなかったでしょう。

それでも抜けていたのが朝鮮半島・台湾の植民地化の歴史です。それは「明治」という時代への認識の欠如でもあります。１９９１年に金学順《キムハクスン》さんが元「慰安婦」として名乗り出て日本軍「慰安婦」や徴用の問題を知ることになりました。しかしそれは日中戦争、アジア・太平洋戦争中、いわば〝昭和〟のことという認識にとどまり、明治維新以降、日本がどういう道を歩んでそこに至ったかが抜けていました。

２０１８年は当時の安倍政権のもとで「明治１５０年」とされ、「海外の知識を吸収し近代国家への道を踏み出した」と「明治」を美化する関連行事が行われました。それに対し、１８７５（明治8）年の「江華島事件」から始めた今回のシリーズで、日清、日露戦争が朝鮮半島支配のための戦争だったことが明らかにされ、１８９４（明治27）年の日清戦争からの「50年戦争」という認識にも至りました。同時に、この半世紀、朝鮮の人々が一貫して独立のためにたたかってきたことを知りました。

ご執筆いただいた先生方に改めて感謝し、植民地支配の責任への認識が浸透し、謝罪や賠償の責任が果たされるようこれからも取り組みたいと思います。

２０２１年3月

「しんぶん赤旗」学術・文化部長　西沢亨子

＊目　次

Ⅰ　侵略の始まりと日清戦争

江華島事件　**計画的な武力挑発、朝鮮侵略の一歩**

吉野　誠

朝鮮半島の西岸、漢江の河口に位置する江華島に、1875（明治8）年9月20日、日本海軍の雲揚号《うんよう》が接近して砲火を交え、付近の永宗島（いま仁川《インチョン》国際空港がある）に上陸して砲台を破壊する事件（江華島事件）が起きた。

明治元年以来、釜山では江戸時代からつづく国交の改編をめぐって、交渉が難航していた。日本側は圧力をかけるため、1875年5月から6月に雲揚号を釜山《プサン》に入港させて示威運動をおこなったが効果がなかった。雲揚号は東海岸地方を偵察したあと長崎にもどり、再び出動して江華島に近づいたのである。

江華島は首都ソウルを守る要衝であり、1866年にフランス艦隊、71年に米国艦隊の攻撃をうけてから、いっそう防備を固めていた。朝鮮近海への軍艦派遣について、戦いになるのは「火を睹《み》るよりも瞭《あきら》か」だと政府内でも懸念する声があった。横浜発行の英字紙は、米国艦隊のときと同様に衝突は必至という人びとのうわさを伝えていた。

■〝いまが好機〟出兵指令待つ

雲揚号艦長の井上良馨《よしか》は江華島へ向かう前に、いまが好機であり、「出兵の御指令を待」つと指揮を仰いでいる。政府からの具体的な指示の有無はともかく、日本側の計画的な挑発によって引き起こされた事件といわざるをえない。

事件後、75年10月8日付で井上が提出した報告書は飲料水の補給を求めて近づいただけなのに攻撃されたとし、撃ち合いも短時間だったように記されている。これにもとづいて政府は諸外国に説明した。だが、井上は帰還してすぐの9月29日に詳細な報告書を書いていた。防衛省防衛研究所図書館にある史料を発見したのは鈴木淳氏だが（『史学雑誌』2002年12号）、これによると戦闘は3日にわたるものだった。

発端の撃ち合いは、9月20日の午後4時半から5時にかけておこなわれた。翌21日は、朝8時に「御国旗を掲げ」て艦上に「分隊整列」し、「本日戦争を起す」のは、朝鮮側がいきなり砲撃してきたことの「罪を攻」めるためだと訓示。「戦争中」は「万事号令に従」うよう「数ケ条の軍法を申渡」して出発し、第1砲台と撃ち合ったあと第2砲台に上陸して焼き払い、夕刻に引き揚げた。

江華島の砲台。首都防衛の要塞となっていた（『画報日本近代の歴史3』から）

さらに22日には、「戦争用意」をして各砲に「榴弾《りゅうだん》を装填《そうてん》」し、永宗島に向かった。戦闘のすえ上陸し、朝鮮側に35名以上の戦死者を出した。大砲などを捕獲して夜10時半に本艦へ帰還。ランプを点灯して酒宴を開き、「本日勝利の祝」として捕獲した楽器を奏し「愉快を尽し」たという。偶発的な衝突でなく、明確な意志を持った軍事行動だったことがわかる。

中塚明氏は近著『日本人の明治観をただす』（高文研、2019年）で、後年の井上の回想談から、3海里の領海内に3日も留まって戦争したのは国際法に触れるという議論が、日本政府のなかにあったと指摘している。そのため、書き直された10月8日の報告書では1日だけの偶発的な事件とされ、水を求めて接近したことが執拗《しつよう》に強調された。日本は国際法を守ったのに、無知で未開な朝鮮側が不当な攻撃をしてきたというわけである。

■軍艦の脅しで不平等な条約

朝鮮の罪を問うとして明治政府は翌1876年2月、黒田清隆が武装した艦船を率いて江華島に乗り込み、用意した草案をほぼそのまま飲ませるかたちで、「朝鮮国は自主の邦にして日本国と平等の権を保有せり」とうたう日朝修好条規の調印を強要した。修好条規付録・付属往復文書などとあわせて、領事裁判権（治外法権）を認め、関税自主権のない（無関税）不平等な内容だった。欧米列強との不平等条約のもとにあった日本が、さらに不平等な条約を朝鮮に押し付けたことになる。

朝鮮は、伝統的に中国とのあいだで宗主国と朝貢国の関係を維持してきた。「自主の邦」という規定は、この関係を断ち、日本が朝鮮へ進出する前提をつくろうとするものであった。

（よしの　まこと・東海大学名誉教授）

日清戦争　**農民反乱を機に朝鮮制覇目指す**

中塚　明

１８９４（明治27）年の春から朝鮮の南部では、当時「東学党の乱」とよばれていた大規模な農民反乱が起こっていました。朝鮮政府の要請で清国（中国）が出兵したのに対抗して、日本政府もソウルの公使館や居留民を守るとして出兵しました。６月はじめのことです。

■清以上の兵派遣／抗議無視し布陣

ときの外務次官、林董《ただす》の回想によると「このたびは朝鮮にいる清国軍以上の兵数を送る必要がある。こうなると清兵はかならず日本軍に攻撃をしかけてくるだろうから、これを機会に平壌あたりで一戦をまじえ、勝利をおさめて和を講じ朝鮮を日本の勢力下におこう」と陸奥宗光《むつむねみつ》外相や川上操六《かわかみそうろく》参謀次長と話し合っていたそうです。（林董『後は昔の記』、要点を現代語訳）

１８８０年代には、朝鮮で日本は清国に軍事的に劣勢でした。それから10年、日本は軍拡により、大陸で本格的な戦争をする力をもつようになり、今回の出兵では清国の数倍の兵力を派遣し、朝鮮政府の抗議を無視して仁川《インチョン》からソウルにかけて布陣しました。

ところが日本の思惑通りに事態は動きませんでした。農民蜂起の地域に近い、ソウルからずっと南の牙山に上陸した清国軍は動きませんでした。農民軍の指導者も賢明で、外国軍の干渉を避けるため政府軍と和解、平静に向かいました。ソウルや仁川には農民戦争の余波さえありません。1885年、日清両国が結んだ天津条約には、将来朝鮮に変乱があって相互に出兵しても、ことがおさまれば撤兵すると決められていました。朝鮮政府は両軍に撤兵を求め、清国はこれに応じる意向でした。

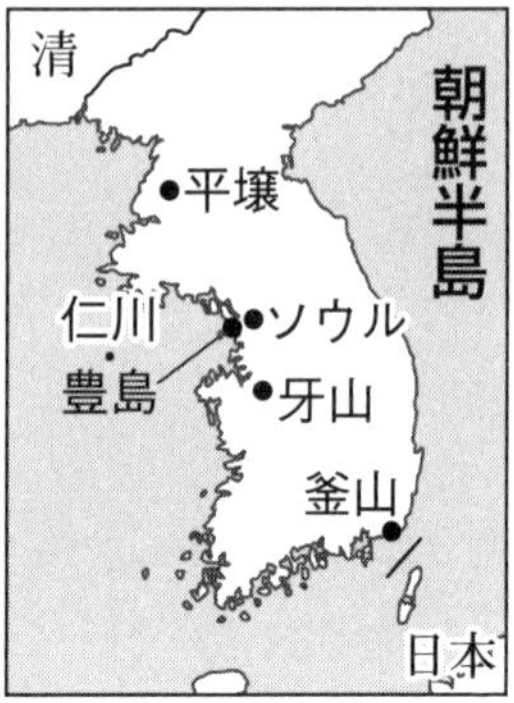

■難問を突き付け朝鮮王宮を占領

こうした状況の中で日本政府が考えたのが朝鮮王宮占領の計画でした。当時、大本営（天皇の指揮のもと戦争指導の最高機関）の参謀だった東条英教《ひでのり》（太平洋戦争開戦のときの首相、東条英機の実父）が書き残した日清戦争の戦史『征清用兵隔壁聴談』（防衛研究所図書館所蔵）にはこう書かれています。（要点を現代語訳）

〈もっとも穏当で、日本の責任を免れることができるには、朝鮮政府から清兵の撃退を日本に依頼させるのが一番だ。そしてこれを朝鮮政府に依頼させる方法は、兵力をもって朝鮮の政府を脅かすのがもっともよいやり方だ。そしてわが兵力を用いるには、まず朝鮮政府が答えるのに窮するような難問を提起し、短い日にちを限って確答を求め、朝鮮政府がもし不満足な回答をするか、答えないときには、そのときをまって朝鮮政府を脅かすのがもっともよい〉

この日本軍による朝鮮王宮占領は、陸奥外相がわざわざ外務省から人を派遣し、朝鮮駐在の大島圭介《けいすけ》公使や日本軍第5師団混成旅団長・大島義昌《よしまさ》少将らと打ち合わせて計画、日本が主導した軍事行動でした。

公使館と日本居留民の保護を口実に出兵、駐留した日本陸海軍の図（三省堂『画報日本近代の歴史5』から）

日清戦争での日本軍の第一撃は、1894年7月23日早朝、朝鮮の王宮、ソウルの景福宮に向かって放たれたのです。王宮を占領、国王を事実上、擒《とりこ》にし、朝鮮の国王が清国軍を朝鮮の国境外に追い出すことを日本軍に委託する、こういう形をとって日本軍が清国軍を攻撃して、日清戦争は始まったのです。

■戦史を書き替え、国の内外を欺く

「中国が朝鮮を属国扱いしている。……日本は朝鮮の独立のためにたたかう」というのが、日本政府が世界に向かって宣言した戦争目的でした（宣戦の詔勅）。しかし、ソウルの王宮占領は、日本の海軍が清国の軍艦とはじめて交戦した「豊島沖の海戦」（同年7月25日）の2日前のことでした。

この事実は、日本の陸軍参謀本部が編纂《へんさん》した日清戦史の草案では詳細に記録されていましたが、「宣戦の詔勅」と矛盾するというので公刊された日清戦史ではウソの話に書き替えられました。

しかし、日本人や世界の人びとを欺《あざむ》いても、朝鮮人に隠すことはできません。秋には春の何十倍もの規模で朝鮮人民の抗日蜂起が起こります。当然のことです。

（なかつか　あきら・奈良女子大学名誉教授）

東学農民戦争

日本軍の住民虐殺の始まり

井上　勝生

1894（明治27）年の春、朝鮮で「東学」の下に集まった農民が蜂起、全琫準《チョンホンジュン》を指導者とし朝鮮南西部の全羅道を席巻、全羅道の首府・全州《チョンジュ》を占領しました（第1次蜂起）。東学とは「人すなわち天」という平等思想を掲げる宗教・思想で、統治の不正を訴えて抗争し、朝鮮政府の弾圧を受けながらも朝鮮農民の支持を集めていました。

鎮圧のために朝鮮の依頼を受けた清が出兵、それを知った日本軍も大軍を出兵すると、東学農民軍は外国軍の干渉を避けるため朝鮮政府と和約し、全州市から撤退。農民はそれぞれの地元に戻り全羅道の各郡で農民自治を敷きました。

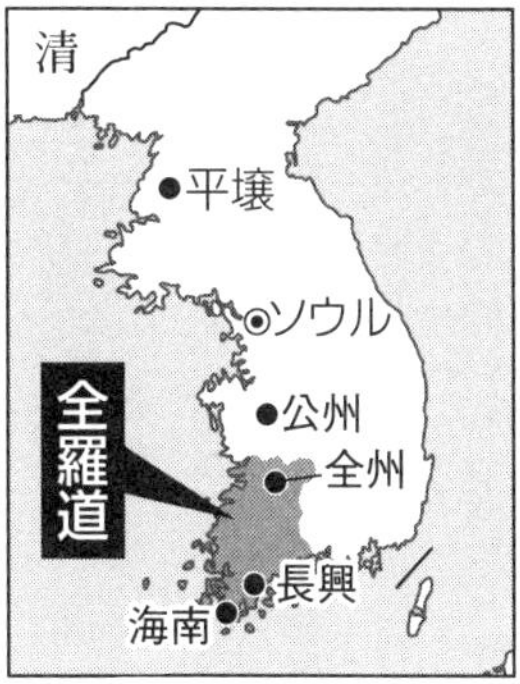

朝鮮に出兵した日本軍は同年7月、朝鮮王宮を占領した後、7月末、清との戦端を開き、平壌《ピョンヤン》での会戦で清を破ると、10月には清国領に侵入、日清戦争が本格化しました。

■初めて直面した大衆的抗日闘争

戦場の後方となった朝鮮で、日本軍に抗戦したのが東学農民軍でした（第2次蜂起）。8月末からゲリラ的な蜂起が起き、日本が清に侵入する頃には朝鮮のほぼ全土で抗日闘争が起こりました。近代日本が直面した、アジアの大衆的・民族的な抗日闘争の最初だといえます。日本軍の兵站線《へいたん》（補給と通信路）の陣地多数に、それぞれ数万、数千の東学農民を集めて一斉蜂起し、ソウルへの北上も目指しました。

日本軍大本営は、日本の交戦国でもない朝鮮の東学農民を「ことごとく殺戮《さつりく》すべし」（在朝鮮司令部「陣中日誌」）と命令。日本軍はこれを実行し、東学農民軍を大きく包囲し朝鮮南西へと追いつめて殲滅《せんめつ》しました。農民軍は日清戦争の最後まで抗戦をつづけ、数十万名という、日清戦争で最大の死傷者を出しました。

東学農民戦争の現場を示す記事を、一兵士の「従軍日誌」から紹介します。

東学農民軍は同年11月の公州《コンジュ》の戦闘で敗北、南海岸へと敗走し、翌年1月、全羅道長興《チャンフン》で終盤最大の組織的な抗戦をしました。日本兵は、長興戦闘の2日目夜について「負傷の生捕り十名」、日没して「帰舎後、生捕りは、拷問の上、焼殺せり」と記します。こういう記事は頻出します。同月31日、海南《ヘナム》では7名を捕まえます。「城外の畑中に一列に並べ、銃に剣を着け」

「軍曹の号令にて一斉の動作、これを突き殺せり」。
南小四郎大隊長は「多く殺すの策」「探し出して殺す」作戦を展開したと講話しています。後年の朝鮮独立運動への弾圧をしのぐ、弁解の余地のない非人道なジェノサイド（集団殺戮）作戦です。

■日本の侵略史の叙述見直す必要

１９４５年の終戦に至るまでの日本軍の住民虐殺の起点が、ここにあります。

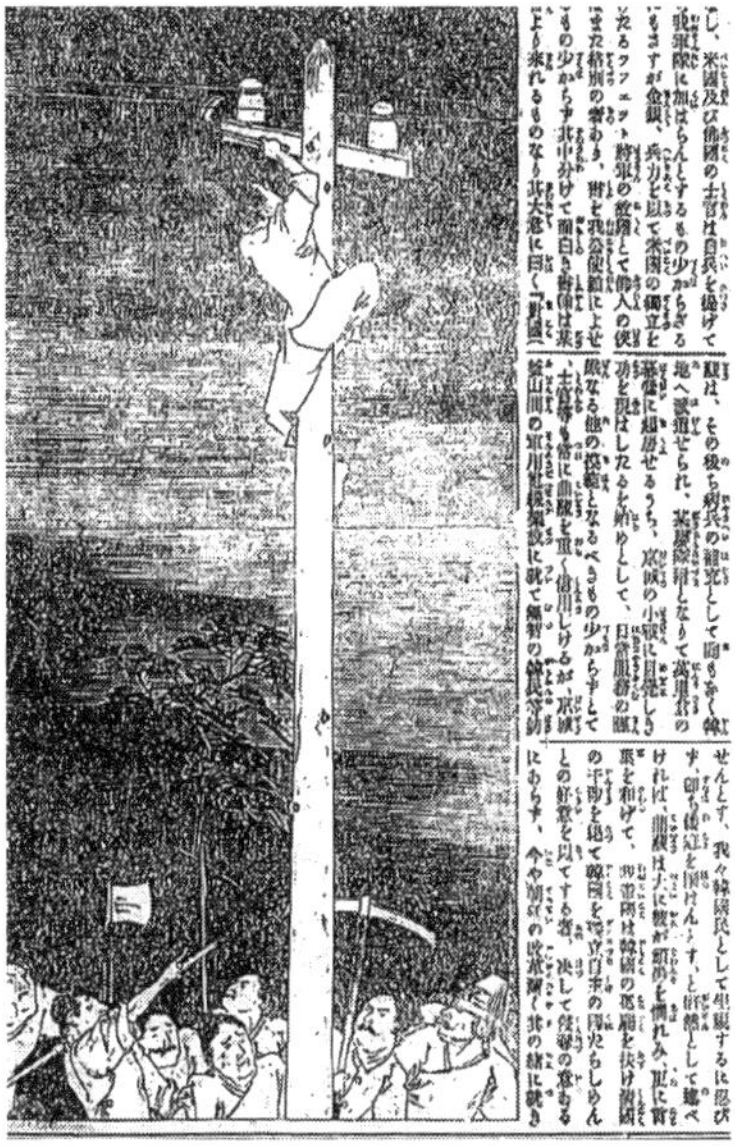

日本軍の電信線を切断する東学農民軍（岐阜日日新聞 1894 年 10 月 6 日号 1 面掲載）。戦う農民軍が描かれた当時の史料はまれ（井上勝生氏提供）

東学農民軍は、竹やり、火縄銃、棍棒《こんぼう》、農具を手に戦いましたが、民衆軍にふさわしく行動綱領（四大名義）、規律を制定。第一は「人を殺すな、物をこわすな」でした。

先に紹介した兵士の従軍日誌は記します。（要点を紹介）

「東学農民軍の先発隊はラッパ

を鳴らして進軍し、山を占拠。軍旗をひるがえし喊声《かんせい》（ときの声）をあげて日本軍に発砲した。夜、長興府に退却した農民軍は、かがり火を照らし、大声の喊声をあげて夜明けを迎えた。高地を占拠した日本軍に向かって数万の白衣の東学農民軍が山を登ってきた。積雪のようだ。喊声が大地を震動させた」

これは、東学農民軍の戦いの典型です。ラッパと太鼓、軍旗、かがり火。数万の白衣の農民軍は、積雪のようでした。大切なのは大喊声で、徹底した陽動作戦です。日本兵殺戮という目的であれば隠密の作戦があったはずですが、一貫して陽動作戦でした。この戦いでも日本兵は戦死していません。無用な流血を避ける規律は、終盤の長興の戦いでも守られていました。

東学農民の蜂起と日本軍の殲滅作戦は、参謀本部編纂《へんさん》の戦史では隠蔽《いんぺい》されました。第２次東学農民戦争の意味や東学農民の力は近年まで埋もれたままでした。戦前日本のアジア侵略史の叙述は見直すことが必要だと思います。

（いのうえ　かつお・北海道大学名誉教授）

東学農民軍の遺骨　**掘り起こされた農民革命**

井上　勝生

北海道大学文学部で、放置されていた東学農民軍の遺骨1体が見いだされたのは1995年でした。

■数百名を殺し遺骨を「採集」

「髑髏《どくろ》　明治39（1906）年9月20日」という書き付けが添えられ、「明治27（1894）年、韓国東学党が蜂起し全羅南道珍島《チンド》で強力だったが、これを平定する際、首唱者数百名を殺し、死体が道に横たわり、首謀者はさらし首にした。右はその一つ。珍島視察に際し採集したもの」（現代語訳）と記されていました。

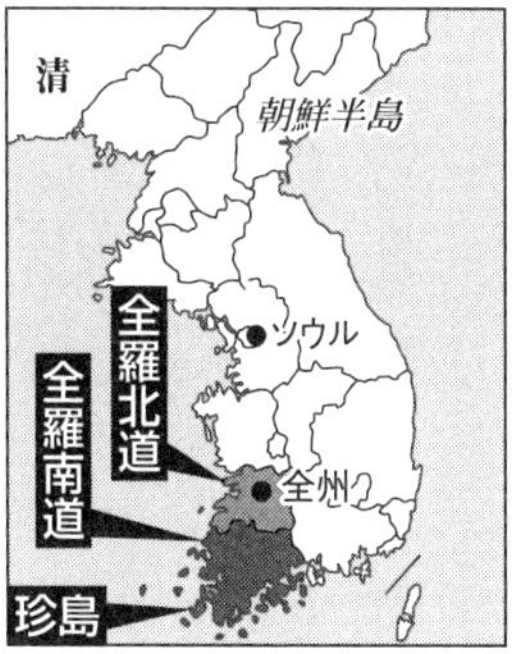

私は95、96年と珍島現地に赴き、郷土史家や地元の農民軍指導者子孫から聞き取りました。「数百名」ともいう農民軍の死

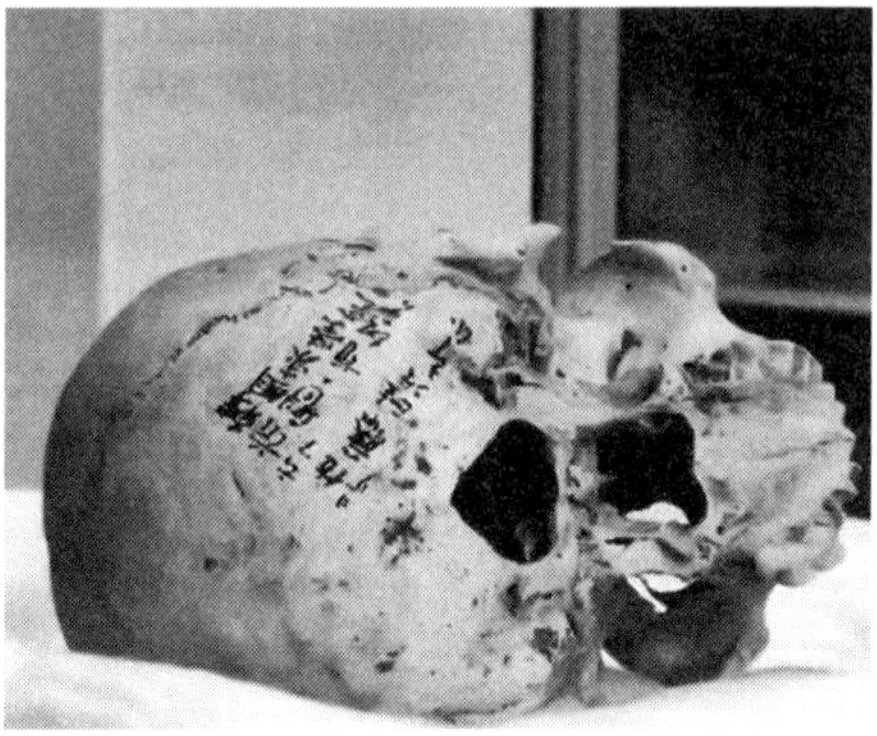
北大で発見された東学農民軍の頭骨。古新聞に包まれ段ボール箱に入っていた。「韓国東学党首魁ノ首級ナリト伝フ　佐藤政次郎氏ヨリ」とある

体が珍島府から隣村へ行く峠の「道に横たわった」と。

北海道大学の前身である札幌農学校は日本で最初に植民学講座を開設し、教官と卒業生を朝鮮半島などに送り込んで植民地経営に参画しました。明治39年に珍島で遺骨を搬出したという書き付けの出来事も植民地経営記録から裏付けられ、信憑性《しんぴょうせい》が立証されました。詳しい報告書を刊行、大学が抱える負の歴史を公表しました。

文学部が遺骨を韓国へ返還し、学部長が現地に赴いて謝罪することも学部で認められました。返還にあたっては、全羅北道全州《チョンジュ》市の東学農民革命記念事業会が窓口に立ちました。

■民主化闘争の先達だと敬う

韓国では、政府の圧政に抗し首府・全州を占領、のち農民自治を実現させ、さらに抗日戦争を戦った東学農民軍大蜂起を、民主化闘争の先達と敬い東学農民革命と呼びます。１９８０年

代に設立された東学農民革命記念事業会は、軍事独裁時代、代表者は拘束され事業会も解散に追い込まれるなど苦闘の時代を経ました。そして90年代、民主化前夜、研究者と市民は、日本支配と軍事独裁時代には、限られた一地域の事件と矮小化され全土各地に埋め隠されていた東学農民革命を掘り起こしたのです。

遺骸奉還委員会代表の韓勝憲《ハンスンホン》弁護士（民主化闘争の人権弁護士）は、1996年5月、札幌市で行われた北大文学部の返還式において、農民軍指導者の遺骨に向けて鎮魂の言葉を読みあげました。遺骨への真情があふれ感動的であると同時に、その場に日本政府がいないことを痛烈に批判するものでした。

返還後、日本と韓国の東学農民戦争の共同研究がすすみました。戦争遺跡や日本の討伐軍の指揮官や兵士の記録を探し出し、愛媛県では討伐兵士の子孫たちと韓国の市民との出会いがもたれました。中塚明さん（奈良女子大学名誉教授）は韓国の東学農民戦争を訪ねる旅を毎年、開催しています。

東学農民軍は、日清戦争終盤まで抗日戦争を戦いつづけ、日本軍は拷問、銃殺、焼殺、一斉刺殺など非道を極めた討伐をしました。「2、3千名の農民軍」が珍島周辺へ逃げ込み、これを討伐したのは、「ことごとく殺戮《さつりく》」命令を受けて派遣された日本軍の1大隊でした。

大隊は1894年の初冬にソウルを出発し、大きく広がって南へ分進。農民軍を全羅道の南西隅に追い込みつつ殲滅《せんめつ》しました。対岸の珍島まで進撃したのは、大隊の2分隊と指揮下に入れた朝鮮政府軍で、出発から2カ月半がたっていました。珍島討伐には4日を要しています。殺戮数百名は誇大ではありません。

遺骨返還23年目の２０１９年6月1日、農民軍全州占領の記念の日に、いま桜の名所で、かつて激戦場となった全州市の完山七峰の上に遺骨が正式に葬られました。白衣の農民軍の装束の女性たちが太鼓を鳴らし（東学は老少、男女の平等も実践）、旗を林立し、全州市長ら市民たちが同行、ひつぎは全州市内を行進して山上へ登りました。

私は、埋葬式の前日、全州市で開かれた記念国際シンポジウムの基調報告で「日清戦争で、日本軍は北京突入を狙ったが、東学農民軍は数十万、支援を入れれば数百万にもなる農民勢で山や野、丘を真っ白に染めて朝鮮半島各地で戦い続けた。日本軍の野望を砕くのに、東学農民軍が役割の一翼を担った」と話しました。東学農民戦争は、日清戦争の戦史の根幹に欠かせない戦いでした。

（いのうえ　かつお・北海道大学名誉教授）

王后殺害事件

国権回復恐れ勢力拡大狙った日本

金　文子

日清戦争の結果、1895（明治28）年4月に日清講和条約が締結され、清国は巨額の賠償金に加え、台湾と遼東半島の割譲を強いられた。これに対し、独・仏・露から干渉が入り、日本は遼東半島を放棄した。これより日本は三国の干渉が朝鮮問題に及ぶことを恐れ露骨な侵略政策を控えた。朝鮮では国権回復の動きが高まり、日本はその背後にロシアがいると考えた。

そうしたなか、95年10月8日の早朝、朝鮮の王宮景福宮内で、国王高宗の后《きさき》・閔《ミン》氏が殺害され、遺体が焼かれる凄惨《せいさん》な事件が起こった。翌年3月に英文雑誌に掲載された調査報告書には、日本軍が国王の寝殿乾清宮を取り囲み、日本刀を振りかざした集団が何をしたのか生々しく記録されている。ソウル駐在領事・内田定槌《さだつち》が日本語に訳し、外務次官・原敬《たかし》に報告したものの一部を紹介しよう。

「抜剣の儘《まま》国王陛下の御居間に乱入し、後宮を捜索して手当次第に宮女を引っ捕え其《その》頭髪を攫《つか》み、或は之を引ずり回し、或は之を打ち擲《なぐ》りながら、王后陛下の御所在を究問せり……かく

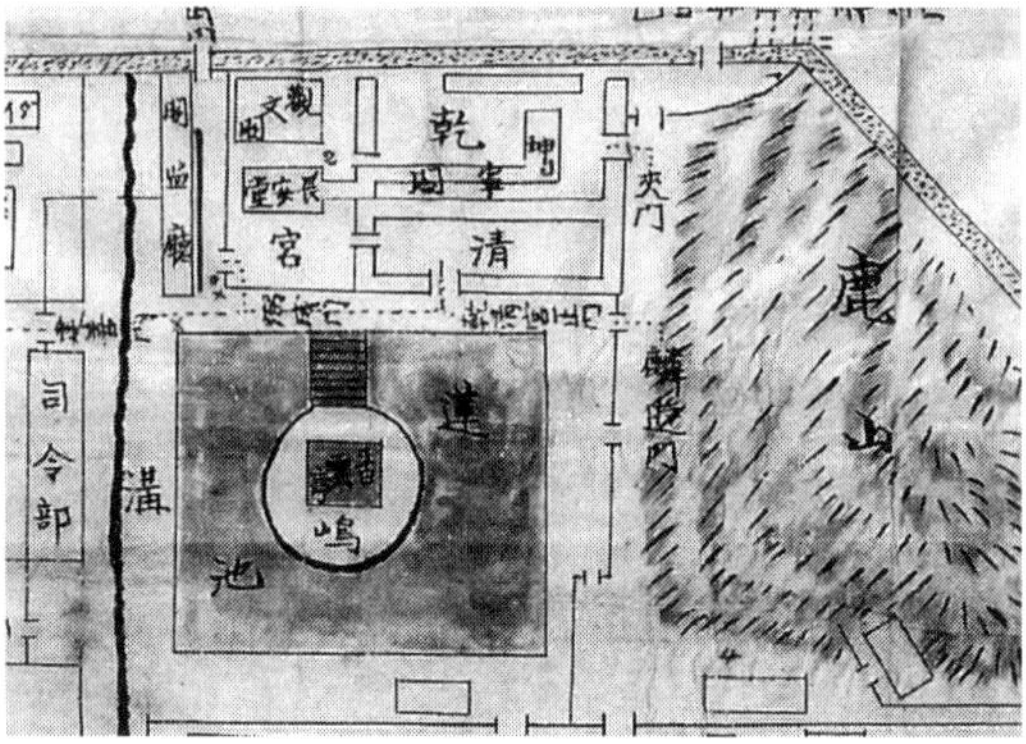

内田領事作成の王后殺害現場の図（部分）。原敬に宛てて報告したもの。王后が襲われた場所、焼き捨てられた地点などが数字で示されている（明治28年12月21日付機密第51号書簡）

て壮士等は……王后陛下が或る一隅の室内に匿《かく》れ居り給ひしを発見し、直ちに之を捉え……之を斬り斃《ころ》したり……陛下の玉体は、戸板に載せ絹布を以て之を纏《まと》ひ庭園に取り出したりしが、間もなく日本壮士の指図により更に付近の小林中に持ち運び、之に薪《まき》を積み石油を注ぎ火を放って之を焼き棄てたり」（外交史料館蔵「韓国王妃殺害一件」2巻）

■朝鮮人同士の権力争い偽装

この事件の前年7月、日清戦争開戦直前にも、日本軍が景福宮を占領して国王を虜《とりこ》にしたことがあった。日本軍は王宮から撤退後も王宮前に駐屯を続け京城守備隊と称した。再び王宮に侵入して王后を殺害したのは、この京城守備隊だった。しかもこれを朝鮮人同士の権力争いに偽装するため、国王の実父大院君を無理やり引き込んだ。真夜中の殺害計画が夜明けまで遅れ、多数の西洋人が目撃したのは、大院君が抵抗したからである。

ひと月前に着任したばかりの駐韓公使・三浦梧楼《ごろう》は、外務大臣西園寺公望《さいおんじきんもち》への電信で日本人の関与を認め、自分が「黙視」したと告白した。さらに〈日本人は殺害等の乱暴は一つもしなかったという証明書を朝鮮政府から取っておいた。大院君にも、随行の朝鮮人に日本服を着せて日本人を装わせたと言わせる。この二点は外国人に対し「水掛論」に持ち込む考えである〉と、偽装計画まで報告している。（『日本外交文書』28巻一冊三六五番）

内田領事は「歴史上古今未曽有の凶悪事件」と外務大臣に報告したが、外務次官あて私信には自ら隠蔽《いんぺい》工作に奔走していることを書いている。〈日本人の関与は多数の西洋人が目撃しており、もはや隠せない。公使館員、領事館員、守備隊については、外国人の間でもまだ判然としていないので、今なら隠蔽できる。彼ら以外で二、三十名ほど処罰して済ませる〉と。（『原敬関係文書』1巻二四五頁）

慌てた日本政府と大本営は、三浦公使をはじめ関係者を本国に召喚し、56人を収監したが、3カ月後には全員を無罪放免とした。

■本国の訓令に忠実にうごく

この事件は愚かな軍人三浦梧楼の暴走と見られてきたが、決してそんな単純な事件ではない。三浦は公使着任後、大本営の川上操六《そうろく》参謀次長と通信し、事件の3日前には朝鮮駐屯軍の

指揮権を獲得していた。（拙著『朝鮮王妃殺害と日本人』一二五～一四〇頁、高文研）

三浦の部下、書記官の杉村濬《ふかし》は『在韓苦心録』を書き、自ら首謀者だったと認めた。そしてその目的は「宮中に於《お》ける魯国党《ロシア》（其《その》首領は無論王妃と認めたり）を抑制して日本党の勢力を恢復《かいふく》せんとするに在り」と明言した。杉村は事件の2カ月前、西園寺外相に王后の政権掌握を報告し、傍観すべきか、親日政権の成立に尽力すべきか、訓令を求めていた。西園寺の回答は、親日政権の成立に「内密に精々尽力せらるべし」であった（『日本外交文書』28巻一冊三二九番）。三浦も杉村も本国の訓令に忠実に動いたのである。

（キム　ムンジャ・朝鮮史研究者）

Ⅱ　日露戦争と「韓国併合」

日露戦争　**韓国の中立宣言を軍事力で圧殺**

金　文子

１８９５（明治28）年の王后閔《ミン》氏殺害事件の2年後、１８９７（明治30）年10月、第26代朝鮮国王高宗は皇帝に即位し、国号を「大韓」と宣布した。これより１９１０（明治43）年８月に日本に「併合」されて滅亡するまでの13年間を大韓帝国、略して韓国と呼ぶ。

韓国は世界の主要11カ国と修好通商条約を締結し、そのうちの７カ国に公使館を設置していた。また首都ソウルには９カ国の公使館があった。

■諸国に向けての高宗の外交努力

日露開戦前年の1903（明治36）年8月、韓国政府は日露両国に駐在する韓国公使に次のように訓令した。

「日露両国が我々を中立国とみなすように要求しなければならない。よって、将来戦争が起こった場合、いかなる作戦も我が国の国境内で行うことはできず、いかなる軍隊もわが国の領土を通過することはできない。明確な回答が我が国境の保全の保障として必要とされる」（『日本外交文書』36巻一冊六九五番）

駐日韓国公使は訓令に従い書簡を作成して外務省に持参した。これに対する小村寿太郎《こむらじゅたろう》外務大臣の回答は、日本政府は戦争にならないように努力しているので、戦時中立を語ることは適当ではないというものであった。

一方、ロシアの対応については今のところ詳しく分かっていない。しかし、日露交渉の中でロシアが主張した、韓国領土を軍略上の目的に使用しないことや、韓国北部に中立地帯を設定して日露双方の軍隊の立ち入りを禁止すること等は、ロシアが韓国の要求を受け入れたものと見ることができる。日本は最後までこれらに同意しなかった。

日露開戦の危機が迫るや、韓国は世界に向けて次のように発信した。

「ロシアと日本の間に発生した紛争に鑑み、また、平和的な帰結を達成するのに交渉当事者が直面している困難に鑑み、韓国政府は、皇帝陛下のご命令により、現在上記の二強国が現実におこなっている談判の結果がどうであれ、もっとも厳正な中立を守るとかたく決意したことをここに宣言する」（『日本外交文書』37巻一冊三二二番）

　これは、よく知られている韓国の中立宣言である。１９０４（明治37）年1月21日に、韓国の外部大臣・李《イ》址鎔《ジョン》名の仏文電報で、修好諸国の外務大臣と各国駐在の韓国公使あてに発信された。日本では、この中立宣言は世界から無視されたかのように語られてきた。とりわけ、ロシアも日本と同様に回答しなかったと論じられてきたが、これが誤りであり、ロシアの外務大臣が「全く共感をもって迎えられた」と回答していることが、２０１０年に初めて明らかにされた（和田春樹『日露戦争』下巻、岩波書店）。

12師団先発隊のソウル進入＝1904年2月9日（博文館『日露戦争写真画報』第1巻、1904年初版のみに収録）

　このような明確な韓国の意思表示を日本は軍事力で圧殺した。１９０４年2月8日深夜、日本の連合艦隊の主力がロシアの旅順艦隊を奇襲した時、韓国の仁川港にも日本の大艦隊が出現し、九州北部でひそかに編成された12師団（司令部は小倉）の兵士、2千数百名が上陸、直ちにソウルに進入した。引き続き19日には12師団の後続部隊が到着、ソウルを完全に軍時占領下に置いた。

■「議定書」を強要／保護国化に進む

こうして2月23日に韓国に強要したのが「日韓議定書」である。そこには、日本の軍事行動を容易にするために韓国が十分便宜を与えることや、日本が軍略上必要な地点を臨機収用することができることなど、韓国の主権を著しく侵害する文言が並んでいた。

調印に先立って、駐韓公使・林権助《ごんすけ》が度支部《たくしぶ》（財務）大臣・李容翊《イヨンイク》らを日本へ拉致《らち》することを計画、日本軍により実行された。天皇をはじめ日本政府首脳は林の計画を承認していた。

同年5月31日、韓国全土を軍事占領下に置いた日本政府は「帝国ノ対韓方針」を閣議決定し、韓国の保護国化とそのための具体的方策を定めた。それより日本による韓国の外交・軍事・財政権の掌握と経済利権の剥奪《はくだつ》が進行した。

日露戦争とは、大韓帝国を日本の支配下に置くために、それを妨害するロシアに対して日本が仕掛けた侵略戦争である。

（キム　ムンジャ・朝鮮史研究者）

保護国化　内政に介入、外交権も奪う

糟谷　憲一

1876（明治9）年に武力で威圧して強要した不平等条約・日朝修好条規の調印以来、日本政府は朝鮮における勢力拡大政策を進めてきましたが、1904（明治37）年、日露戦争を起こすことで韓国の独立を奪い植民地と化す道を突き進むことになりました。

1903年12月30日に「対露交渉決裂の際日本の採るべき対清韓方針」を閣議決定。韓国に対してはどんな場合でも実力をもって臨み、日本の権勢の下に置くべきはもちろんであるとしました。

04年2月、日露開戦と同時に、日本は一挙に一個師団の兵力をソウルに入れ、日韓議定書を強要。議定書は、韓国政府は施政改善について日本の忠告を入れることも定めており、日本は朝鮮半島での日本軍の軍事行動の自由を確保するとともに、韓国の内政に干渉する「名分」を得ました。

3月に日本陸軍は、韓国の軍事的制圧のために韓国駐箚《ちゆうさつ》軍を編成し、その兵力を次第に増

強。同軍は7月に「軍律」と呼ぶ命令を発布し、軍用の電信線・鉄道に危害を加えた者などを死刑にするとしたのをはじめ、反日運動をきびしく抑圧しました。

■日韓協約を強要／韓国の行政掌握

04年8月には韓国政府に第1次日韓協約を結ばせました。日本政府が推薦する財務・外交顧問を韓国政府が招聘《しょうへい》すること、外国との条約締結など外交の重要案件は日本政府と協議することを認めさせたこの協約により、日本の大蔵省の局長だった目賀田種太郎《めがたたねたろう》が財政顧問に就きました。

目賀田は貨幣整理を実施し、日本貨幣と同一品位の新貨幣を通用させ、韓国の貨幣制度を日本の貨幣制度に従属させました。ほかにも警察・教育などの部門に日本人顧問が就き、これらの部門の行政を実質的に掌握しました。

日露戦争中に日本は、京釜《キョンブ》鉄道（ソウル―釜山間）・京義《キョンイ》鉄道（ソウル―新義州間）を開通させ、05年4月には日韓通信機関協定を調印させて韓国の郵便・電信・電話を委託経営の名の下に日本政府の管理下に移しました。

日露戦争下で日本は韓国の主権を侵害し支配を強化したのですが、それにあきたらず、外交権を奪って保護国化し、支配をいっそう強化することをはかりました。

05年4月に韓国保護国化の方針を決定すると、列強から承認を取り付けました。アメリカとの桂・タフト協定（7月成立）、第2回日英同盟（8月）によって、アメリカのフィリピン支配、イギリスのインド支配を承認するのと引き換えに、韓国保護国化を承認させたのです。9月調印の日露講和条約（ポーツマス条約）によってロシアも保護国化を承認しました。

日韓協約に反発する韓国の民衆によって打ち壊されたソウルの日本人商店＝1904年9月30日（『画報日本近代の歴史6』から）

■皇帝を威嚇して保護条約を結ぶ

保護国化の方針は実行に移されます。11月15日、伊藤博文は特派大使として皇帝の高宗に謁見《えっけん》し、保護条約への調印を「勧告」する明治天皇の親書を渡し、条約案は変更の余地のない確定案なので、拒否すればいっそう不利益となると威嚇《いかく》しました。

高宗が、臣下に諮《はか》り、人民の意向も察しなければならないと述べると、君主専制国家なのに、人民の意向を察するとは人民を扇動して日本へ反抗させようとするものだと、さらに威圧を加えました（『日本外交文書』伊藤特派大使復命書）。

同月17日に伊藤大使、林権助《ごんすけ》韓国駐箚《ちゅうさつ》公使は韓国政府の会議に臨席し、保護条約案への賛否を問い、反対意思の表示が不徹底なものは賛成とみなし、賛成多数であるとして調印させました。双方の「合意」によって結ばれたとは到底言いがたい条約を根拠として、日本は韓国の保護国化を進めました。

（かすや　けんいち・一橋大学名誉教授）

「第1次日韓協約締結の記念写真」の誤りについて
『図説国民の歴史』のミス引き継ぐ

金　文子

本書前項の「保護国化」は、「しんぶん赤旗」2019年8月21日付の文化面に掲載されましたが、その際「第1次日韓協約締結の記念写真＝1904年8月22日」とした写真は、「1904年3月25日撮影の特派大使・伊藤博文一行の記念写真」（次ページ）の誤りでした。編集上のミスによるもので、典拠とした『画報日本近代の歴史』が誤っていました。指摘していただいた金文子さんに、この写真の来歴について書いてもらいました。

◇

この写真は、日露開戦直後、日本軍による占領下のソウルへ、天皇の勅使「特派大使」として派遣された伊藤博文一行を撮影したものです。撮影日時は1904年3月25日正午、撮影場所は伊藤大使が滞在した旅館華屋（ソンタクホテル）前です（「伊藤特派大使韓国往復日誌」国会図書館デジタルアーカイブで公開）。

誤って「第１次日韓協約締結の記念写真」として掲載した写真

出版物としては、『日露戦争写真画報』２巻（博文館、１９０４年5月8日）に、「伊藤大使の一行京城大使館前の集合」として掲載されたものが最も早いと思われます（上写真）。『日露戦争写真画報』は、同じく博文館から毎月３回刊行されていた『日露戦争実記』の定期増刊号です。

４月８日の創刊号には、「伊藤大使の入韓」のページがあり、「三月一八日退闕《たいけつ》（宮城の門を出る）の光景」「同日大使館へ帰途」「大使館到着の途中」という一連の写真があります。また、これより数日前に刊行された『日露戦争実記』６編には、「遣韓大使伊藤博文侯」「遣韓大使随行員一行」の写真もあります。

では、いつから間違って使われるようになったのでしょうか？　『画報日本近代の歴史』全

13巻（日本近代史研究会編、三省堂、1979～80年）は「刊行にあたって」において、同研究会がすでに世に送って好評を得た二つの歴史画報、『画報近代百年史』全18集（国際文化情報社、1951～52年）と、『図説国民の歴史』全20巻（国文社、1963～65年）を土台とし、これに新たに収集した資料を加えたと述べています。

問題の写真は、『図説国民の歴史』9巻（1964年7月）55ページに「第1条日韓協約の締結記念（明治三十七年八月二十二日）」として掲載されていました。15年後に『画報日本近代の歴史』を編纂《へんさん》する際、キャプションの明らかな誤植（条→次）は訂正されながら、この写真が第1次日韓協約時のものではないことは見逃されていました。

日本近代史研究会は『画報近代百年史』を出版するために、歴史学者の服部之総《はっとりしそう》を代表として結成された研究会です。写真や絵画資料で歴史を叙述するという新鮮な手法が歓迎され、ベストセラーになりました。その後も次々と大型歴史画報を刊行しました。

これらの出版物は近年、タイトルと出版社を変えて復刻されていますが、問題の写真の誤りは訂正されていません。歴史資料としての写真の普及に大きく貢献した日本近代史研究会の仕事には、当然誤りも含まれています。転載する場合は十分検証しなければなりません。

（キム　ムンジャ・朝鮮史研究者）

「韓国併合」〝百年の長計〟「帝国版図」に

糟谷　憲一

1905（明治38）年11月の乙巳保護条約《ウルサポホジョヤク》（第2次日韓協約の韓国側呼称）によって、日本は韓国の外交権を奪い、漢城（ソウル）に統監を置きました。統監は皇帝に謁見する権利を持ち、内政への支配を進める役割を担いました。

翌年に初代統監として赴任した伊藤博文は、韓国政府の大臣を統監府に呼んで「韓国施政改善に関する協議会」を開催して重要政策を審議するとともに、日本人顧問官とその付属機関を通じて内政支配を進めました。

こうして韓国政府は統監府の操る傀儡《かいらい》機関と化しました。1907（明治40）年5月に韓国政府の首班には日本の忠実な代理人、李完用《イワニョン》が就任しました。

■ハーグ密使事件口実に譲位強要

皇帝の高宗は保護国化に強く反発。07年6月末にハーグで開かれていた第2回万国平和会議に高宗の使者が参加して、保護条約は日本の強圧によるもので無効だと主権の回復を訴えようとしました。しかし、すでに日本が桂・タフト協定、第2次日英同盟、日露講和条約で列強の支持を取り付けていたため訴えは取りあげられず失敗しました。

7月、日本政府（第1次西園寺公望内閣）は、このハーグ密使事件を口実にして韓国内政の全権を掌握する方針を閣議決定します。伊藤統監と李完用首相は高宗に強要して皇太子に譲位させ、新皇帝の純宗が即位しました。

1907年7月20日、新皇帝の朝見式の日、ソウル市内を重装備で警備する日本軍（「絵入りロンドンニュース」07年8月号）（『画報日本近代の歴史7』から）

漢城では数万名の参加する抗議集会が開かれ、韓国軍の一部もこれに同調しました。伊藤統監は、言論・集会・結社を取り締まるため、韓国政府に「新聞紙法」「保安法」を制定させるとともに、日本政府に要請して一個旅団の兵力を増派させました。

7月24日に伊藤統監は李完用首相と第3次日韓協約（韓国では丁《チョン》未《ミ》七《チル》条約《チョヤク》と呼称）を調印。日本案を提示したその日のうちに無修正での調印が強いられました。同協約によって、日本は、統監による内政の指導、高官の任免に対する統監の承認、法令制定および重要な行政処分に対する統監の事前承認、韓国政府官吏への日本人の任命などの権限を得ました。

これ以後、韓国政府各部の次官をはじめとする中央・地方の要職に日本人官吏が任命されました。日本人の次官によって政府の行政が動かされるさまは「次官政治」と称されました。8月には韓国軍が解散させられました。

■反日抵抗運動を武力で抑えこむ

日本の内政支配は表面的には強化されましたが、植民地化政策に対する反発・抵抗の動きが大きくなり、農村部・山間部では義兵運動、都市部では愛国啓蒙運動が本格的に展開されました。

義兵運動は、日本の侵略政策に反対した武装闘争です。1905年ごろから始まっていましたが、07年8月以降、解散させられた韓国軍の軍人が加わることで戦闘力が強化され、活動地域も全国に広がりました。日本は韓国駐箚《ちゆうさつ》軍の兵力を増強して義兵運動の鎮圧をはかりました。

愛国啓蒙運動は学校教員や新聞記者など新知識人が大韓協会《テハンヒヨプエ》、畿湖興学会《クホフンハックエ》などの啓蒙団体を組織し、集会・演説会・機関誌発行、私立学校設置などを通じて民族独立、立憲思想、国民意識の培養をよびかけた運動です。統監府は韓国政府に学会令、私立学校令などを制定させて、愛国啓蒙運動の抑圧をはかりました。

1909（明治42）年7月、日本政府（第2次桂太郎内閣）は「適当な時機」に韓国を併合する方針を閣議決定しました。韓国を「帝国版図の一部」とするのは、帝国の実力確立のための最確実なる方法であり、併合は「帝国百年の長計」であるとしたのです。

1910（明治43）年4～5月に英露から「韓国併合」について承認を得ました。並行して「併合」後の統治方針について検討が進められ、6月3日に閣議決定されました。この閣議決定に加わった陸軍大臣の寺内正毅《まさたけ》が第3代統監として7月23日に着任。日本の用意した条約案などにほとんど異議を許されないまま、8月22日に寺内統監と李完用首相との間で「併合条約」が調印されました。

（かすや　けんいち・一橋大学名誉教授）

武断政治　**政治的権利奪い憲兵が日常支配**

糟谷　憲一

1910年8月22日に調印された「韓国併合に関する条約」は29日に公布施行され、韓国は日本の完全な植民地とされました。韓国の国号は朝鮮と改められ、統治機関として、それまで置かれてきた統監府と韓国政府の諸官庁を植民地支配に適するように統合・改編、10月1日に朝鮮総督府の機構が本格的に成立しました。

総督は陸海軍大将に限られ、天皇に直属し、政務統轄と並んで陸海軍を統率しました。この時期の支配が、武威をもって行う「武断政治」と呼ばれるゆえんです。

「併合」（以下カッコを省く）と同時に明治天皇は詔書を発して、朝鮮の民衆を「綏撫《すいぶ》」（安んじいたわる）し、康福《こうふく》（すこやかで幸せなこと）を増進し産業を発達させると標榜《ひょうぼう》しましたが、朝鮮人にはほとんど権力を分与することはなく、日本人官僚が中枢を占めた総督府による強権支配が続くことになります。

■集会・結社禁止／選挙権を与えず

植民地化に反対する朝鮮人の運動を弾圧するため、併合に先だって日本は、政治集会、屋外大衆集会を禁止しました。併合後間もなく政治結社は、親日団体の一進会《イルチヌエ》を含めて解散させられ、朝鮮人が発行する朝鮮語の新聞・雑誌も廃刊させられました。武断政治の時代は自由が極端に抑圧されました。

朝鮮対象の法律・勅令が制定・施行されるとともに、朝鮮総督が発する命令（制令）が法律に代わる効力を持つとされました。朝鮮に関する立法権は天皇、帝国議会、朝鮮総督にあるとされましたが、朝鮮には衆議院選挙法は施行されず、朝鮮半島居住者（大半は朝鮮人）は、代表を帝国議会に送って朝鮮半島に関わる事項も含めた国政の審議に参加することはできませんでした。

植民地期に朝鮮人は日本人と対等・平等に扱われたとは到底言えないのです。

■憲兵警察制度で民衆の抵抗を弾圧

「武断政治」と言われるもう一つの理由は、憲兵中心の憲兵警察制度です。

併合直前の時期に、韓国政府の警察は日本人が中心を占めるようになっていました。１９１

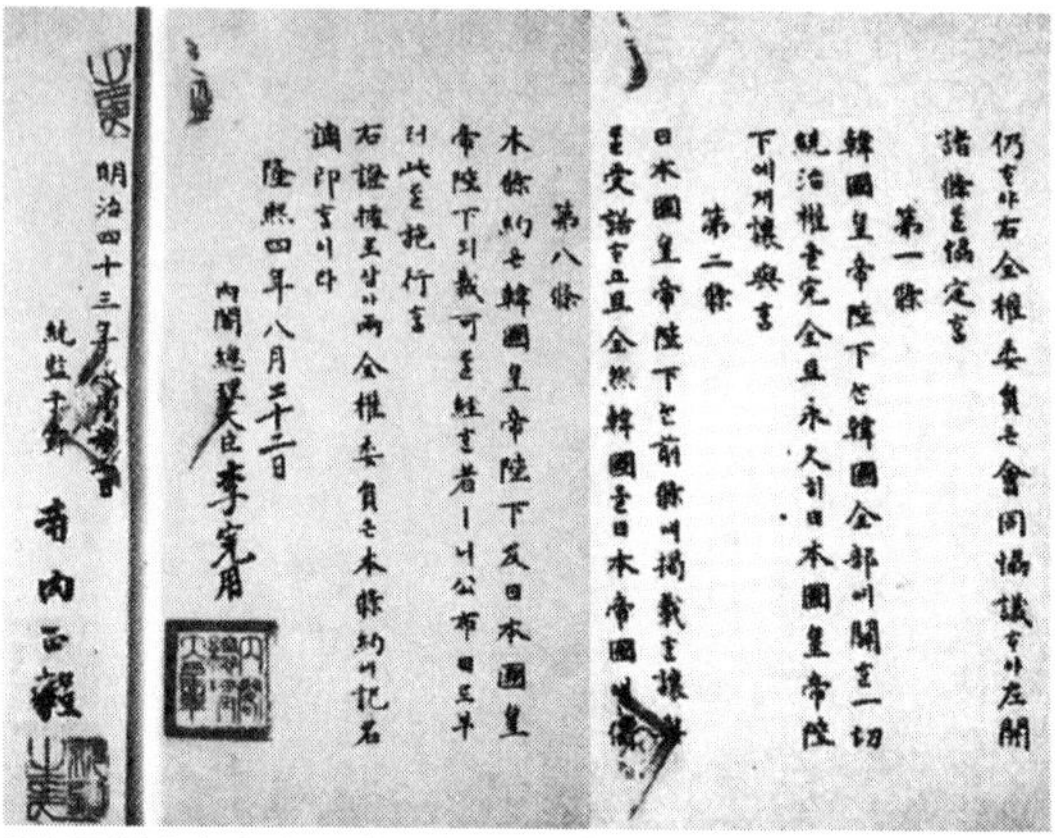

「韓国併合」条約。第１条には「韓国皇帝陛下は韓国全部に関する一切の統治権を完全且（かつ）永久に日本国皇帝陛下に譲与す」とある。「統治権の譲与」という虚構で力ずくで独立を奪ったことを隠そうとした（李泰鎮・李相燦編『条約から見た韓国併合』東北亜歴史財団、2010年）

0年7月には韓国警察機関は日本に委託されて統監府警察となり、その長を韓国駐留日本軍の憲兵隊司令官・明石元二郎《あかしもとじろう》少将が兼任することになりました。憲兵とは本来、軍人の犯罪を取り締まり規律を維持する軍の機関ですが、その憲兵隊が文官警察も指揮下に置く異例な制度です。

併合後もこれが踏襲されたうえ、全国の13の道（日本の県にあたる）を管区として配置された憲兵隊の長が各道の文官警察の長を兼ねて、地方においても警察機関の中枢を憲兵側が握りました。道庁所在地、開港場などには文官警察の機関である警察署が置かれたものの、憲兵側の指揮下に置かれました。それ以外の広大な地域では憲兵が警察事務を扱いました。

憲兵隊には、朝鮮人から採用され情報収集などに当たる憲兵補助員が置かれ、憲兵は義兵運動などの民族運動や民衆の日常的な抵抗を抑圧する先兵となりました。同時に、戸籍事務、日本語普及、伝染病予防、墓地取り締まりなど一般行政にも関与し広範な権限を行使しました。

憲兵警察制度がつくられたのは、第一に義兵運動鎮圧のためでした。義兵は農村・山間部で小部隊単位の活動を続けていたので、そこに多数の拠点を置いて憲兵を配置し鎮圧の主役を担わせました。

もう一つの役割は、郡《クン》や面《ミョン》（日本の村に相当）の日本人職員の数が少なかったので、辺地にまで配置された憲兵を一般行政にも関与させ、総督府の行政を末端まで浸透させることでした。軍人である憲兵は、文官警察以上の威圧力を持ち日常生活を支配しました。

朝鮮に配備される日本陸軍も師団を2年ごとに交代で派遣する制度から、2個の常設師団を置くことに変わり（1920年に編成完了）、兵力が強化されました。


（かすや　けんいち・一橋大学名誉教授）

Ⅲ　独立求める朝鮮人民のたたかい

義兵戦争　**全土蜂起を虐殺・焼き払う**

慎　蒼宇

日本の侵略に直面するなかで、朝鮮各地で義兵と呼ばれる在野の武装蜂起が相次ぐようになった。保護国化（1905年）、ハーグ密使事件と高宗の強制退位（07年7月）といった朝鮮「亡国」を具現化させる出来事が続くと、蜂起は全土に拡大し、07年末には「十三道倡義《しょうぎ》大陣所」という全国義兵連合軍が結成された。

1910年の「韓国併合」を前に勢いは衰えるが、15年に至るまで抗日武装蜂起は続いた。これは「義兵闘争」ではなく「義兵戦争」と呼ぶべきである。

■日本の罪を告発／独立主権を要求

義兵将の代表的存在であった崔益鉉《チェイクヒョン》は、1876年の日朝修好条規締結時から抗日蜂起までの30年間、一貫して日本の対朝鮮政策を批判し、日清戦争時の内政干渉と閔妃《ミンピ》殺害事件以降は、国際法を援用しながら日本の公法違反と不法行為を告発し続けた。

反日義兵部隊の兵士（Frederick Arthur McKenzie, The Tragedy f Korea, New York, E. P. Dutton & Co., 1908.）

崔益鉉は、韓国の外交権を奪った1905年の第2次日韓協約締結後に「日本政府に寄せる書」を記し、日本には信義に背く16の罪があると批判した。日本が日朝修好条規締結以降、常に「朝鮮国の独立を保全する」と言いながら朝鮮国の独立・主権・土地を奪い、国際社会を欺《あざむ》いていることを告発し、朝鮮国の財政の支配と借款《しゃっかん》（長期融資）の強制、鉱山・漁業権など各種利権の奪取、郵便・各港市場・貨幣などの支配、閔妃虐殺、日露戦争時の人民使役、顧問政治など具体的な侵害行為を批判。そのうえで、崔は日本に罪を悔い改めて統監府・顧問・

軍隊を撤収し、欺いた各国に謝罪して、朝鮮の独立自主の権利を侵害しないように要求した。

義兵たちの身分・職業は農業7割を筆頭に、商業、無職、工業、軍人、儒者・両班《ヤンバン》（特権的な官僚階級）、鉱山労働者など多岐にわたった。義兵戦争は、日露戦争と統監府の植民地化政策で土地を奪われ、経済生活を破壊され、日本軍・憲兵・警察によって家族を殺された者たちの、命をかけた壮絶な戦いだったのである。

■「膺懲的討伐」／即決で捕虜銃殺

07年8月に韓国軍が解散させられると、ソウルと地方双方で日本軍に対する蜂起が起こった。長谷川好道《よしみち》・韓国駐劄《ちゆうさつ》軍司令官は、「猛烈ニ膺懲《ようちよう》的討伐ヲ施スヘキ」との「殲滅《せんめつ》」方針に立って、義兵をかくまう者は容赦なく厳罰にするだけではなく、その責任を村落に負わせ厳重に処置する「村落連座」の方針を一般民衆に告示した（07年9月）。

長谷川軍司令官は「成るべく捕虜とする以前に於いて適宜処分すべし」との令達を各部隊に発しており（歩兵第14連隊『陣中日誌』）、これによって捕虜銃殺が恒常化した可能性が高い。実際、同『陣中日誌』を見ると、これらの告示と令達以降、無差別殺戮《さつりく》、即決による捕虜銃殺、村落焼き払いが頻発している。

長谷川軍司令官は「対韓政策上ニ及ホス不利」を恐れ、告示の1カ月後に、こうした蛮行を禁止する訓示を発したが、日本軍の蛮行はその後も繰り返され、処罰もされなかった。これは韓国法と国際法のみならず日本軍の軍法上も許されることではない。

「膺懲的討伐」は当然、朝鮮社会の反発を招き、武装蜂起に参加する者は一層増えた。統監府と日本軍・憲兵・警察はその後も苛烈に弾圧し続け、朝鮮人の憲兵補助員も投入した。

■「兎狩り同様」と煽った新聞記事

その結果、08年末には蜂起は徐々に鎮圧されていったが、全羅道だけは農民を中心に義兵の勢いは衰えなかった。日本軍は「帝国の威信」をかけて「南韓大討伐」（09年9～10月）を敢行した。義兵の討伐だけでなく、圧倒的な軍事力・警察力で「一般人民ノ精神上」に「帝国ノ威武」を刻印し、民衆を心底から震え上がらせることが目的であった（臨時韓国派遣隊司令部「南韓大討伐概況」）。

日本各地の郷土新聞も、例えば、第6師団歩兵第23連隊派遣時の九州日日新聞は「片っ端より村落を包囲し、不良不埒《ふらち》の者と認めたる者は容赦なく処断せらるる由なれば、定めて痛快のことならん」（「暴徒討伐は兎狩り同様」08年5月10日付）といった、「暴徒大掃蕩」に快哉《かいさい》を叫ぶ扇動的な報道を繰り広げ、日本社会の朝鮮人＝「暴徒」観の形成に大きく影響した。

朝鮮駐劄軍司令部編『朝鮮暴徒討伐誌』によると、07年～11年の義兵側の死傷者数は1万7

7779名だが、民間人の死傷者はさらに多いとも記録している。義兵がほぼ鎮圧された後も、日本は蜂起を恐れて弾圧時と同様の1個師団半クラスの兵力を朝鮮に維持し、三・一運動時においても苛烈な軍暴力を繰り返していったのである。

（シン　チャンウ・法政大学教授）

朝鮮蔑視観の形成　「文明と野蛮」日清戦争で決定的に

趙　景達

一般に隣国同士というのは、仲が良くない。日本の朝鮮蔑視《べっし》観というのも古くからある。「神功皇后の三韓征伐」（＊）の神話はそのことをよく物語っている。豊臣秀吉の朝鮮侵略は日本神国観を育み、それを加速した。

＊神功皇后の三韓征伐　『古事記』『日本書紀』に登場する、新羅《しらぎ》をはじめ百済《くだら》や高句麗《こうくり》も服属させたとする神話。近世では祭礼や信仰の世界で民衆の間にも広まり、戦前は、学校教育や紙幣の顔写真などを通じ史実として教え込まれた。

江戸時代には通信使による善隣外交があったことは有名だが、その裏面では、朝鮮には日本の侵略に対する疑心暗鬼があったし、日本は国内向けには朝鮮を朝貢国のように見なそうとした。対馬藩士による通信使随行員の殺害事件も起きている。幕末に吉田松陰に代表されるような征韓論が出てくるのもよく知られている。

しかし江戸時代には、やはり全体的には善隣が維持されていたと言えるであろう。通信使を

神功皇后札（1円、1881年発行）。日本の紙幣で初めて人物の顔が入った（日本銀行貨幣博物館蔵）

一目見ようとする人びとは、来日のたびに後を絶たなかったし、彼らが帰った後には「朝鮮ブーム」が巻き起こり、人々は勝手に朝鮮服を作って「唐人《とうじん》踊り」に明け暮れた。日本各地には朝鮮通信使にまつわる祭りも誕生した。

■善隣の外交が明治期に急転

こうした事態が急転するのは、明治時代に入ってからである。1876（明治9）年、明治政府の発足以来途絶えていた外交関係の修復のために、およそ100年ぶりに朝鮮からやって来た修信使《しゅうしんし》に対して、東京の民衆は、維新政府が進める文明開化政策の論理を内面化し、そのまなざしから侮蔑《ぶべつ》的に嘲笑したことが分かっている。明治初期にあった日本人の西洋人への劣等意識が、朝鮮を他者化し劣位に置くことで解消されていく。

各地にあった通信使にまつわる祭りも消滅していった。現在では、津祭（三重県）や川越祭（埼玉県）など、わずかに残されている程度である。

こうしたなか、日本の中の朝鮮として特異な位置を占めていた鹿児島の苗代川《なえしろがわ》の人々は、大変苦しんだ。彼らは薩摩が朝鮮出兵の際に連れてきた朝鮮人の後裔《こうえい》だが、朝鮮語の使用や習俗を藩命によって維持していた。そのため、血統的には地元民との婚姻によってすっかり日本化していたのだが、意識としては朝鮮人であることを誇りとして生きていた。

しかし、国民国家化が進展していくなかで、朝鮮の姓を名乗る彼らに対する差別が醸成されていくと、多くの人々がこの村を離れた。日米開戦と敗戦の際に外務大臣であった東郷茂徳《しげのり》は、その代表的な人物である。

それでも、文明開化と富国強兵が進行していくなかで息苦しさを感じていた日本民衆は、朝鮮を侮蔑する一方で、同じく排除されゆく者同士という認識から、朝鮮人に対して共感する側面もあった。講談などでは、日清戦争直前頃までそうした複雑な民衆の思いに仮託した朝鮮ものが人気を博していたという（青木然「日本民衆の西洋文明受容と朝鮮・中国認識」）。朝鮮観が侮蔑一色の方向に転じるのは、日清戦争を契機にしてである。

■貶めることで植民を正当化

文明と野蛮の戦争と喧伝《けんでん》された日清戦争では、それまでも流布されていた「惰弱《だじゃく》」「因循《いんじゅん》姑息《こそく》」「驕慢不遜《きょうまんふそん》」「無能」「不潔」などのステレオタイプ化された中国イメージが決定的となり、侮蔑的な「支那《しな》」観が確立した。そして、朝鮮は中国以下的なものとされ、「朝鮮人」という言葉は「おかしなもの」「卑劣なもの」とイメージされ、「ばか」の代名詞にさえなっていく。福沢諭吉などは、晩年「其《そ》の卑劣朝鮮人の如《ごと》し」とか「朝鮮人見たような奴」などと平然と言った（『福翁自伝』）。

朝鮮は、陽画である日本とは非対称な陰画であった。人々の心は愛国の熱情で満たされ、朝鮮を貶《おとし》めれば貶めるほど、日本人の自信は深まった。朝鮮は日本の植民地になっても仕方のない哀れな落後した国であり、朝鮮を見るにつけ日本人であることの幸せを感じることができた。

しかし現在、国力を付けた韓国は、日本と並走しようとするまでになった。グローバリゼーションが進展していくなかで自信を喪失しつつある日本人は、もはやそう簡単には韓国人を貶めることも、韓国人を見て自らを幸せだと思うこともできない。朝鮮蔑視観に根をもつ嫌韓論が蔓延《まんえん》するゆえんである。だが嫌韓感情は、若者にはあまりないという。未来を楽観できる芽が大きく育つことを願うばかりである。

（チョ　キョンダル・歴史研究者）

三・一独立運動　全土に拡大、200万人が参加

李　省展

1919年2月8日、東京は雪まじりの寒い日であった。それとは対照的に東京朝鮮基督教青年会会館ホールは数百名の留学生の熱気にあふれ、立すいの余地もなかった。当時、在日留学生たちが朝鮮青年独立団を結成、学友会総会が急きょ、独立宣言の場に転じた。

参加者には女学生も見られ、女子学院に学ぶ金瑪利亞《キムマリア》は友人とともに着物の帯に宣言書を隠しひそかに朝鮮に渡り、母校・貞信学校をはじめ朝鮮各地のミッションスクールで独立運動を鼓吹した。ソウル在住の政治家・尹致昊《ユンチホ》は、「この運動はソウルではなく東京で始まった」と日記に書き残している。

■「民族自決権」を光明ととらえて

三・一独立運動は、第1次大戦後の帝国主義諸国の世界秩序再編の過程で生じた独立運動の一つである。ロシア革命でのレーニンの「平和に関する布告」、そしてアメリカ大統領のウイ

ルソンが1919年のパリ講和会議で提唱した14カ条平和原則の「民族自決」に促されるように、植民地とされた諸民族が次々と決起した。朝鮮でも同様にこれを一筋の光明と捉え、上海、フィラデルフィア、東京など海外で独立の機会をうかがっていた人々が、まず動き出したのである。

「韓国併合」(1910年)後、朝鮮総督府を設置した日本は強大な軍事力を背景とし「武断統治」を敷いた。憲兵警察制度を網の目のように張り巡らし、朝鮮民衆の自由と権利を剥奪《はくだつ》し、民族系新聞の廃刊、集会結社の自由の剥奪、土地調査事業による収奪など、日本への圧倒的な同化政策のもとで、朝鮮の民衆は身動きが取れなかった。

ここに宗教団体が独立運動の先駆けとなった一因がある。文明国を標榜《ひょうぼう》した日本は「信教の自由」に基づく抵抗を完全には統御することができなかった。反封建・反外勢(反侵略)を唱えた東学を前身とする天道教、西欧とのつながりのあるキリスト教、それに仏教が加わり、上海の新韓青年党からの呼びかけに応じて、朝鮮では独立運動が綿密に計画された。

国王・高宗毒殺説が流れ民心が沸騰していたこと、群衆が葬儀に参列することなどを考慮し、3月1日が決起の日とされた。当日はソウル、平壌、宣川、定州などの都市で独立と自由を求める宣言文が朗読されデモが展開された。

その後数カ月にわたり、階級、ジェンダー、年齢を超えた運動が全土に広がった。参加者は

200万人を超えたといわれる。平壌の運動を目撃したバーン・ヘイゼル宣教師はその組織力と整然としたデモに驚嘆しており、中国の革命家の陳独秀は「革命」の「周密」さと「文明」性を評価した。

■教会に閉じ込め軍が放火・虐殺

「独立万歳」を叫ぶ朝鮮の民衆。円内写真は警官に逮捕される指導者＝1919年3月1日、ソウル（『画報日本近代の歴史8』から）

しかし日本軍投入以降、様相が一変した。天道教徒とキリスト教徒が教会に閉じ込められ、軍隊が放火・銃撃し20余名を虐殺する堤岩里《ていがんり》事件をはじめ各地で無差別殺戮《さつりく》事件が起こった。日本政府は堤岩里事件の隠蔽《いんぺい》をはかったが、国際的な現地調査などにより、日本の蛮行は世界に知れ渡った。日本では英文学者の斎藤勇が堤岩里の虐殺を嘆く詩を書き、『ニューヨーク・タイムス・マガジン』は独立運動特集記事を掲載している。

多くの民衆が騒擾《そうじょう》罪、保安法違反、出版法違反などで拘束・収監されたが、中でも梨花学堂の柳寛順《ユグアンスン》は独立運動で両親を失い、獄死したことから今もなお象徴的な存在として人々に記憶されている。
内外から批判を受けた朝鮮総督府は、この独立運動を契機に統治方針を変更せざるを得なかった。

■歴史を歪曲する首相の所信表明

「内に立憲主義、外に帝国主義」とも評される時代であった。ウイルソンの「民族自決」は列強の利害調整によりヨーロッパとその周辺の国に限定され、上海に置かれた大韓民国臨時政府の代表として朝鮮独立を訴えるためパリ講和会議に派遣された金奎植《キムギュシク》は会議への参加を拒否された。梶村秀樹はこれをヴェルサイユ背反と称している。

日本はパリ講和会議で人種差別撤廃を世界に訴えたが、その足元で朝鮮の民衆は日本の圧政に苦しんでいたのである。この近代日本におけるダブル・スタンダードは形を変え今なお継続している。

安倍晋三首相は2019年10月4日の所信表明演説で、「世界中に欧米の植民地が広がっていた当時」、日本はひるむことなく人種差別撤廃の理想を掲げた、と歴史を歪曲《わいきょく》した。日本の近代は植民地支配や侵略の歴史と併せて理解されなければならない。

（イ　ソンジョン・恵泉女学園大学名誉教授）

Ⅳ 「同化政策」と収奪の強化

「文化政治」 **民族運動抑えつつ同化図る**

松田 利彦

1919（大正8）年、朝鮮三・一運動が起こったとき、首相・原敬《たかし》は「内地延長主義」――日本本国の法制度を漸進的に植民地にも適用していこうとする同化主義的政策――を構想していた。原首相と原の任命した斎藤実《まこと》朝鮮総督は、三・一運動後の新たな朝鮮統治体制をつくっていった。

とはいえ、武力に頼る支配の本質が変わったわけではない。1910年代の「武断統治」を支えた憲兵警察制度は廃止され普通警察制度に転換したが、警察官は増え駐在所も大幅に増設された。

■三・一独立運動の再発を恐れ懐柔策

武力で民族運動を抑え込みながら徐々に日本への同化をはかった1920年代の朝鮮統治政策を、総督府は「文化政治」と称した。朝鮮民族のナショナリズムがふたたび爆発することを恐れた総督府は、1920年に朝鮮語新聞を発行することを相次いで許可した。朝鮮人の不満のはけ口をつくって懐柔するとともに、民情を探ることが目的だった。

今日でも韓国の代表的言論となっている東亜日報、朝鮮日報はこのとき創刊された。朝鮮語新聞・雑誌は、きびしい検閲のもとでも政治的主張を試み、民族主義運動や社会主義運動の基盤となった。

また、地方参政権が拡張され、府県・町村に当たる行政単位（道・面など）に諮問機関が設けられた。多くは議決権を与えられなかったから、地方自治とはいいがたい。しかし、このような地方諮問機関でも、日本人のみならず「有志」と呼ばれた朝鮮人地方有力者が進出し、学校の設立や道路や水道の整備など地域の利害を訴えた。

教育制度では1911年に、教育勅語の趣旨にもとづき「忠良なる国民の育成」を目的とする第1次朝鮮教育令が施行されていたが、1922年、第2次朝鮮教育令が公布された。第1次教育令は朝鮮人を対象とし、朝鮮に住む日本人の教育と二重構造だったが、第2次では「内鮮共学」の名のもとに朝鮮在住日本人と朝鮮人の教育法規を統一した。また、京城帝国大学が開設された（京城は現ソウル）。しかし、京城帝国大学の教授陣はほぼ日本人が独占し、学生も半数以上は日本人だった。

他方、経済政策としては、産米増殖計画が1920年に開始された。日本本国での米需要の増大に対して、植民地米への期待が高まったためだった。これにより朝鮮での米の生産高は1・2倍になったが、日本への米の移出高は2・5倍に増えたから、朝鮮人の米消費が増えたわけではない。むしろ多くの自作農は水利組合費などの負債に苦しみ、土地を手放し小作農に転落した。

■日本に協力する「親日派」を育成

こうした諸政策がからみあって、「文化政治」期には日本の政策に協力する「親日派」の育成が進んだ。斎藤総督自身をはじめ総督府高官は、朝鮮人民族運動家や知識人などとじかに面会してその要求に耳を傾けるポーズをとった。また、地方諮問機関の設置にともない朝鮮人地方議員が登場したことや、産米増殖計画により一部で朝鮮人地主が成長したことも、地域社会に「親日派」を生みだす結果になった。

朝鮮人側でも総督府の支援を受けた親日団体が数多くうまれ、朝鮮の「自治」や、あるいは

朝鮮で発行されていた日本語雑誌『朝鮮公論』(1935年10月)掲載の風刺画。独立思想を鎮めるのに武断主義を使いたいが、世界の目が光っているので文治主義でソフトに抑えようとしている

衆議院議員選挙法の朝鮮施行を求めた。しかし、民族運動の主流は、あくまで潔癖な姿勢で朝鮮独立を追求し、参政権運動に冷淡な態度をとった。「親日派」は民族独立の敵と見なされ、売国奴とさげすまれたのである。

「親日派」の清算は、植民地から解放された朝鮮で大きな社会問題となり、特に韓国では2005年に「親日反民族行為者財産の国家帰属に関する特別法」が成立するなど、現在まで続く問題となっている。親日派問題の原点は日本の植民地支配にあったのである。

(まつだ　としひこ・国際日本文化研究センター教授)

土地の収奪　強引な国有地化で強力な地主制

洪　昌極

日本帝国主義は、朝鮮植民地支配を通じて、米の生産に特化した経済体制を朝鮮社会に強いていきました。

■日本に大量の安い米を送る

植民地から大量の安い米を日本本国に送ることで食糧価格を安く保ち、それを通じて自国の労働賃金が高くなるのを極力抑えようとしたのです。急速に工業化を推進したい日本国家と、なるべく人件費を削減したい日本の財閥・企業、双方の利益に合致するものでした。

日本が植民地経済の制度的基盤を確立する上で、まずおこなったのは、〈米〉生産の源となる〈土地〉を掌握することでした。日本は、1905（明治38）年に第2次日韓協約で韓国の外交権を奪い、ソウルに統監府を置いて朝鮮を間接統治下に置いた後、朝鮮に新たな土地制度を確立するために本格的に動き始めます。

全羅南道務安郡の土地を測量する日本人土木技師（米昇右『日帝　農林　收奪相　写真証言』、緑苑出版社）

統監府は、帝室有財産整理局や帝室有及国有財産調査局などを通じて、１９０７年から、「韓国併合」の年である１９１０年までに、全国に散在していた「国有地」を調査し、国有地台帳と国有地実測図を作成しました。この際に「国有」と判断された土地の中には、さまざまな経緯から国・民有の区分が曖昧な性格を持っていた土地や、元々宮家や国有地であったものが耕作権の成長に伴って事実上民有地となっていた土地が多く含まれていました。

土地所有権に関する調査が、民有地の調査に先んじて「国有地」の調査から着手されたこと自体が重要な意味を持っています。

同時に日本は、「国有未墾地利用法」（１９０７年）を通じて、民有地であることが証明できない「原野、荒蕪地《こうぶち》（雑草の茂った荒地）、草生地、沼沢地《しょうたくち》及干潟地《ひがたち》」などの土地が国有地であると宣言します。

その上で「韓国併合」と同時に土地調査事業（１９１０～18年）を開始して、全ての土地の所有権を最終的に確定していきます。この事業では、民有地の所有権の申告が義務づけられましたが、それ以前に「国有地」と判定された土地は大半がそのまま「国有地」として処理されました。申告者本人はもちろん、地域住民全てが民有地であると訴えた場合でもこれが覆ることはありませんでした。

民有地と判定された土地でも、「誰の土地か」をめぐって紛争が起きました。日本人・朝鮮人の間で所有権紛争が起きた場合、多くは日本人の所有権が認定されました。「韓国併合」以前には、日本人の土地所有に法的な制限が課せられていましたが、ひそかに朝鮮人名義で土地を買い占める悪弊が横行していました。そうして手にした日本人の所有権が、この事業によって合法的な権利として法認されたのです。

朝鮮人同士で所有権紛争が起きた場合、それまで実質的な所有権を行使していた耕作者たちの権利は否定され、地主の所有権が一方的に認定されました。耕作権がことごとく否定されることで、耕作者は単なる土地の貸借人に転落し、地主の立場は一層強化されることになりました。

■耕作地の半分、３％の地主が

このようにして日本は、朝鮮総督府と日本人大地主を頂点とする強力な地主制を朝鮮に打ち立てたのです。土地調査事業が終了した1918（大正7）年時点で、わずか3％の地主が耕作地の約半分を所有することとなりました。

朝鮮最大地主となったのは、朝鮮総督府を除けば、「国有地」を譲り受けた東洋拓殖株式会社（陸軍中将が初代総裁を務めた国策会社）でした。事業が始まる前の1909年時点で約5万2千ヘクタールであった日本人の土地所有面積は、1915年時点で4倍の約21万ヘクタールへと増大しています。

言うまでもなく、こうした土地収奪の過程は日本帝国主義の武力を背景としていました。土地調査事業がおこなわれた1910年代が「武断政治」と言われる憲兵警察制度下にあったことを忘れてはなりません。

例えば全羅南道のある地域では、1912年、李回春という老女性が東洋拓殖会社に対して「どうして人様の土地を無法に強奪するのか」と抗議すると、「憲兵上等兵の中島という者が李回春の首を絞め、軍刀と棍棒《こんぼう》で狂犬のように乱打」し、その結果「李回春は水田に血を流して即死」しています（「東亜日報」1926年7月12日付）。

（ホン　チャングク・日本学術振興会特別研究員PD）

米の収奪　**日本社会の矛盾を朝鮮に転嫁**

洪　昌極

日本帝国主義は、１９１０（明治43）年に韓国を「併合」、１９１０年代に朝鮮土地調査事業によって日本人大地主が頂点に立つ強力な地主制を確立させることで、植民地経済の制度基盤を整えました。

その上で１９２０年代になると、「産米増殖計画」という国策事業を打ち立て、米を中心とした農産物の収奪を本格化させていきます。その担い手となったのは、警察や地方行政を後ろ盾とした日本人大地主と一部の朝鮮人大地主でした。

■借金負わされ小作料地獄に

朝鮮総督府が最も力を入れたのは、水利灌漑《かんがい》を改善して少しでも米の増産に適合した土地を作るための水利組合事業です。

水利組合の区域内に編入されると、地域住民たちは高額な事業費用を払わされ借金を負うは

「産米増殖計画」期間中の朝鮮での米の生産量とその内の日本への移出量
（全体が生産量、黒の部分が日本への移出量）

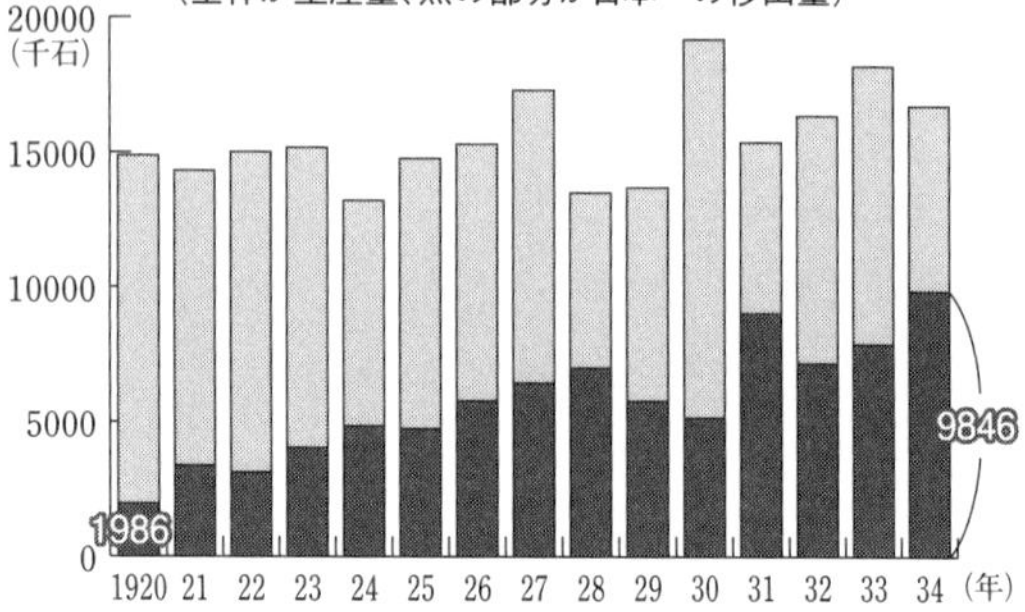

生産量は朝鮮総督府『農業統計表』1936 年度版
日本への移出量は『朝鮮総督府貿易年表』各年度版による

めになり、経営難に陥って土地を大地主に買収されることになったり、元々土地を持たない農民は高額な小作料地獄に苦しめられることとなりました。

各地で激しい反対運動がわき上がりましたが、それに対して朝鮮総督府や水利組合幹部が取った方法は、平和的なものではありませんでした。反対する者たちを警察署に連行して監禁したり（『東亜日報』28年3月15日付）、水利組合当局に雇われた請負業者をつかって拳銃・ダイナマイトで、反対する地域住民を「殺す」と脅迫（同29年11月21日付）。実際に死傷者が出ることもありました（同29年11月24日付）。

■米増産の一方、消費量は激減

「産米増殖計画」が始まってから朝鮮は豊かになったのか。答えは否です。米だけに特化して見れば、確かに生産量は増大の傾向を見せていきます。ただし重大なのは、生産量の増大分をはるかに上回る米が日本に積み出されたことです。生産量が増えれば増えるほど、朝鮮での消費量が減少。1人当たりの米の消費量は1915〜19年の4年間を100とすると、30〜34年のそれは63まで下がります（朝鮮総督府『朝鮮米穀要覧』41年度版）。朝鮮人の生活は悪化の一途をたどったわけです。

植民地期全体を通じて、土地を持たない農民が一貫して増大していくと同時に、農民が地主に支払う小作料はつり上がっていきます。同時期の日本本国も地主制社会でしたが、小作地率・小作料率において朝鮮の方がはるかに上をいきます。日本人がどんどん朝鮮に移住して地主に転じていくことで、日本の社会問題がいくぶん緩和される一方、朝鮮農民は土地を失い社会問題が深刻化していくという対の関係の下に置かれていたためです。

■苦境強いられ日本へと渡航

苦境に立たされた一般の朝鮮人たちは、家計を支えるための副業・兼業に費やす労働時間を増やしていきました。その結果、慢性的な労働力不足を補うための児童労働が横行します。

同時に、家庭内で年齢・性別に基づく分業関係が強化され、成人男性の労働力を重宝する傾向に拍車がかかります。逆に、労働力において男性よりも劣位にあって財産相続からも排除されていた若年女性たちは家庭内でも窮地に追いやられます。

若年女性は、「口減らし」を目的とした10代前半での結婚や、借金のカタに地主への「妾」入りを強要され、工場や性産業への人身売買の対象にもされました。植民地朝鮮の自殺原因で最も多くを占めたのが、男性が「貧困」で女性が「親族の不和」だったという事実は、決して偶然ではないのです。

朝鮮人が故郷を追われて日本や満洲へと離散していった背景には、植民地下朝鮮の以上のような悲惨な状況が存在していました。当時の日本での社会調査によれば、在日朝鮮人の渡航理由は、「農業不振」や「生活難」が大半を占めていました。

「韓国併合」前年に800人たらずだった在日朝鮮人人口は、「産米増殖計画」が実施されている1930年には30万人を超えています。厳しい渡航管理体制の中、渡航した朝鮮人たちが仕事にありつけた場合でも、日本人労働者の半分以下の賃金（民族差別賃金）によって雇われていたのです。

（ホン　チャングク・日本学術振興会特別研究員PD）

関東大震災　**虐殺招いた朝鮮蔑視と敵視**

加藤　直樹

「自然災害がこれほどの規模で人為的な殺傷行為を誘発した例は日本の災害史上、他に確認できず、大規模災害時に発生した最悪の事態として、今後の防災活動においても念頭に置く必要がある」

内閣府中央防災会議の災害教訓の継承に関する専門調査会報告『1923関東大震災【第2編】』（2008年）は、関東大震災時の朝鮮人虐殺について、そう強調している。

関東大震災は1923（大正12）年9月1日午前11時58分に発生した。最大震度7。昼前で、強風であったこともあり、東京と横浜の両市では都市火災が拡大し、死者・行方不明者10万5000人という大惨事となった。

混乱と不安、怒りの中で、「朝鮮人が放火をした」「井戸に毒を入れた」「暴動を起こした」という流言が発生する。それはすぐに朝鮮人への迫害・殺害に発展した。避難民が押し寄せた河川敷や公園で、自警団が検問を敷くつじつじで、避難民を満載して東北に向かう列車の中や駅前で、人々は朝鮮人を見つけては暴行を加え、殺害した。虐殺事件は東京や横浜だけでなく、埼玉、千葉、群馬でも起きた。

■「殺してもいい」／警察署長が公言

事態をここまで悪化させたのは、警察と軍であった。警察は流言を信じて拡散した。警官たちはメガホンを手に朝鮮人の襲来を警告した。「殺しても差し支えない」と公言した警察署長もいた。治安行政のトップである内務省警保局は9月3日、「朝鮮人は各地に放火し、不逞《ふてい》の目的を遂行せんと」していると全国に打電している。

自警団と警官による朝鮮人連行（在日韓人歴史資料館所蔵）

戒厳令によって東京市内に進駐した軍部隊は、自ら朝鮮人を虐殺した。軍が殺害した朝鮮人、日本人、中国人の数は、戒厳司令部がまとめた記録だけでも２８１人に上る。目撃証言も多く、実際にははるかに多いだろう。

警察や軍は9月3日には流言が事実ではないことに気づき、徐々に朝鮮人を「保護」する方針に転じた。しかし虐殺は9月6日、戒厳司令部が朝鮮人への迫害を「絶対に慎め」とする注意を発表し、明確に流言を否定する頃まで続いた。

便乗するような事件も起きている。川合義虎《かわいよしとら》ら日本人労働活動家10人が軍に殺害された亀戸《かめいど》事件や、憲兵隊によるアナキストの大杉栄・伊藤野枝《のえ》・橘宗一殺害事件。中国人労働者200人以上が労働ブローカーと軍によって虐殺された大島町事件。中国人労働者を指導していた活動家・王希天も軍人に殺害された。

殺された人数は不明だが、先述の『1923関東大震災【第2編】』は、朝鮮人、朝鮮人に間違えられた日本人、中国人の被殺者推計を、1000人〜数千人とまとめている。

■捕虜を虐殺した「治安戦」の体験

流言と虐殺の背景には、「韓国併合」を通じて育った朝鮮人蔑視と、1919年の三・一独立運動を頂点とする朝鮮人の抵抗への恐怖が、日本社会に浸透していたことがあった。加えて、つねに独立思想・独立運動に目を光らせていた警察の朝鮮人敵視や、朝鮮・満洲・シベリアで住民や捕虜を銃殺し村を焼くような「治安戦」、つまり民衆の抵抗への弾圧を重ねてきた軍部隊の行動が事態を悪化させた。戦争経験者が地域社会に多かったことも大きい。

『1923関東大震災【第2編】』は、この事件から学ぶべき教訓として、「民族差別の解消の努力」や災害をテロと混同する流言の発生への警戒を挙げているが、民族差別的な流言は、今なお災害のたびに発生している。そして流言から実際の暴力までは決して遠くない。実際、東日本大震災時には、石巻で外国人窃盗団が横行しているという流言が広がり、それを信じた東京の右翼団体が武装して現地に乗り込むといった事態も起きている。

関東大震災時の朝鮮人虐殺では、警察や軍が果たした役割が大きかった。民族差別を許さない社会をつくることはもちろんとして、行政当局が災害時に差別的流言をきちんと否定するあり方をつくることが必要だろう。政治家が民族差別や歴史歪曲をあおるといったことは論外である。

（かとう　なおき・ジャーナリスト）

「併合」下の教育

被支配は必然と教科書で説く

佐藤　広美

朝鮮総督府は、朝鮮の子どもたちに「韓国併合」の歴史的必然性を教える重要性を自覚し、教科書の記述に最大限の注意を払っていた。

１９１０（明治43）年、日本は韓国を併合し朝鮮民族から主権を完全に剥奪《はくだつ》した。朝鮮総督府は朝鮮人教育の権限を握り、翌11年に朝鮮教育令を公布、朝鮮人の教育は「教育ニ関スル勅語ノ旨趣ニ基キ忠良ナル国民ヲ育成スルコト」とした。日本帝国臣民化のためには、天皇制思想の注入と日本語の教授とが基本であることを強調した。

朝鮮人の子どもが通う普通学校は、就学年限は４年、日本語が国語とされ、教科目は修身、国語、朝鮮語及漢文、算術、理科、唱歌・体操が開設された。教科書は「朝鮮語及漢文」を除き日本語で書かれ、日本人化のための教科が並び重要視され、朝鮮の歴史や文化は軽視され追放された。

■片手にサーベル、片手に教育勅語

併合初期、総督政治は武断政治と称された。軍の機関である憲兵が文官警察を指揮下に置く憲兵警察制度がそれを特徴づけた。日本人教師はつねに警官と連絡をとり、官服に身をかため、帯剣して教場におもむいた（1920年まで続く）。片手にサーベル、片手に教育勅語という教師の姿・あり方は、朝鮮の同化主義教育を象徴した（小沢有作『民族教育論』1967年、明治図書出版）。

1919年3月、朝鮮民衆が独立と自由を求める三・一独立運動が起こる。5月末までの鎮圧では、死者約7500人、被検挙者4万6000人以上に及んだとされる。総督政治は武断政治から文化政治への転換を余儀なくされる。第2次朝鮮教育令が公布（1922年）され「内鮮共学」を定める。朝鮮人と日本人の学制の差をなくすとして就学年限は6年に延長され、国史（日本史）、地理、家事・裁縫などの教科が増設された。同時に、総督府はこれを機に「朝鮮人タルノ観念」の否定に本格的に乗り出す。

■独立抑えるため植民地近代化論

その端的な事例が、なぜ朝鮮は日本に「併合」されなければならなかったのかという「韓国併合」の歴史的必然性を説く教科書の出現であった。修身の教科書でそれを紹介してみたい。

「韓国併合」後の朝鮮総督府編纂《へんさん》第1期修身教科書（1912年〜）には、日本帝国の臣民化を促す教材が収まっている。「テンノウヘイカ」「祝日　大祭日」「明治天皇」「我が国体」「日本国民」「大日本帝国」などである。しかし、「韓国併合」を直接に扱う教材はなかった。

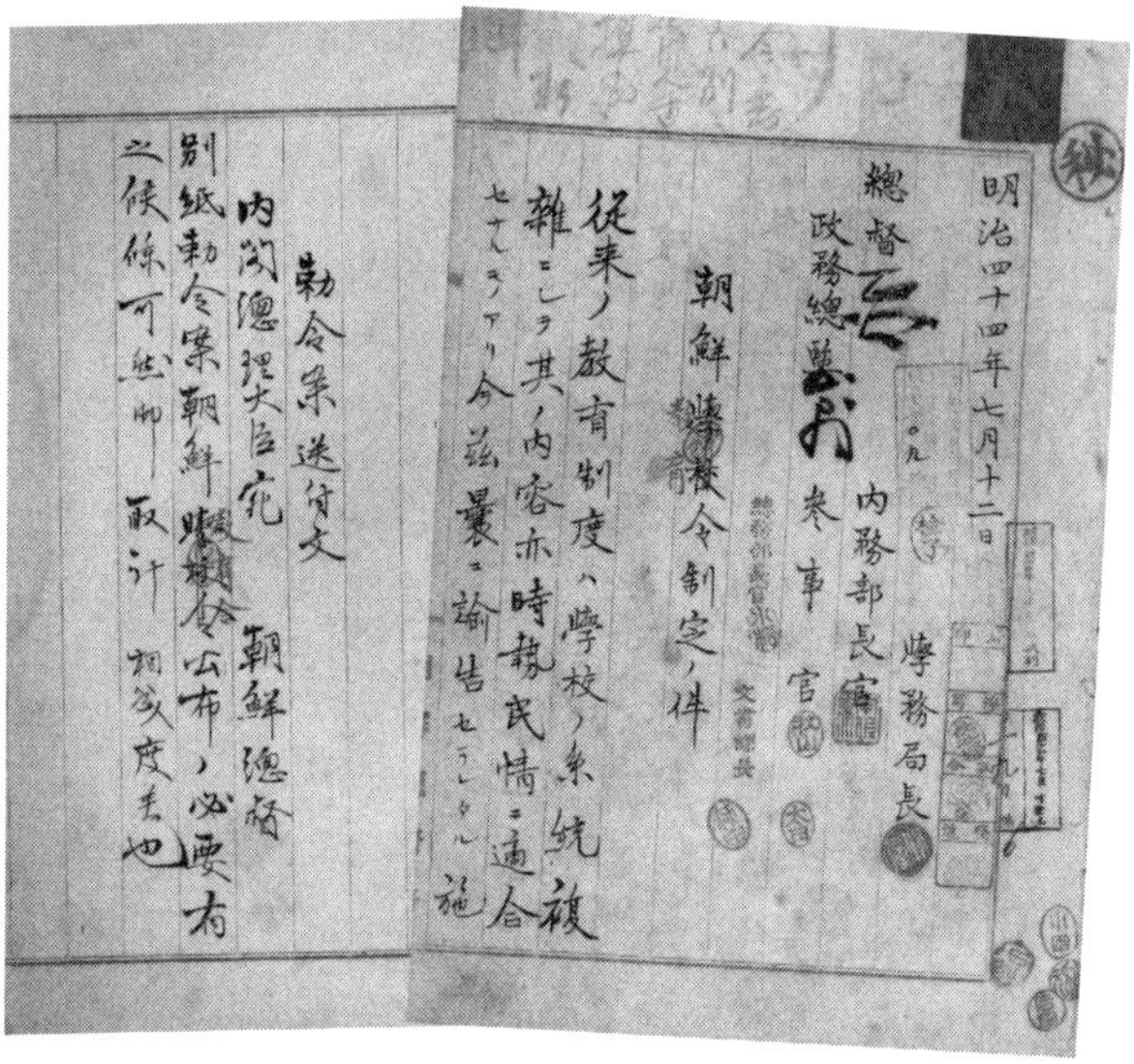
明治四十四年七月十二日
總督
政務總監
内務部長官
參事官
學務局長
朝鮮教育令制定ノ件
從來ノ教育制度ハ學校ノ系統複雜ニシテ其ノ内容亦時勢民情ニ適合セサルモノアリ

勅令案送付文
内閣總理大臣宛
朝鮮總督
別紙勅令案朝鮮教育令公布ノ必要有之候條可然御取計相成度候也

朝鮮教育令案の送付時の付属文書。1911年7月12日、朝鮮総督府から日本の内閣総理大臣宛に勅令「朝鮮教育令」案を送付した際に付属された朝鮮総督府の説明文書（独立紀念館提供）

それが、1919年の三・一独立運動後の第2期修身教科書（1923年〜）には、「朝鮮は党派の争いがあつて一致せず……民力は大いに疲弊しました……外交にもたびたび失敗して困難しました」「多年の弊政は全く除くことがむずかしく……朝鮮人中にも国利民福のために、日本との合併を望む者が盛んに出て来ました」（「我が国」其の二、５年生）という記述がでてくる。

さらに教材の趣旨が記されている『教師用書』を見ると、「農事の改良を図つた」「商工業の進歩を図つた」「昔にくらべれば、人民はどれほど幸福であるか分かりません」と植民地化によって近代化が促進されたと口頭で朝鮮の子どもたちに説明を補いなさいと述べている。「国運の発展」（６年生）も、合併は「教育・産業等あらゆる方面が発展して、国民の富もいちじるしく増加」したと説明する。

朝鮮民衆は日本の政治的支配下に置かれて当然であるという心性（被支配民族として生きるモラル）を教える教材である。朝鮮人としての独立の観念を抑え込み否定するためには、朝鮮民族は自らの国を治める能力をもたず停滞し（他律性史観）、植民地化によって朝鮮は近代化が促進された（植民地近代化論）と教え込むことが必要だとの総督府の自覚がここに示されている。

朝鮮人の子どもたちに、「あなた方は被支配民族として生きることが幸福である」と説く教科書が存在したこと。これは深い悲しみであり、いまに生きる私たちの痛点である。

（さとう　ひろみ・東京家政学院大学教授）

満洲侵略と朝鮮

軍事拠点化で地域を破壊

加藤　圭木

朝鮮半島の最北に位置する咸鏡北道。この咸鏡北道の中で、旧ソ連・中国との国境からほど近い所に、新安面（面は日本でいう村のこと）という漁村があった。この村は決して豊かとはいえなかったが、ワカメ採集やイワシ漁業などを中心に暮らしが営まれていた。

１９３１年、日本は満洲侵略戦争（「満洲事変」）を開始し、翌年には日本の傀儡《かいらい》国家である「満洲国」がつくりあげられた。日本側から見れば、植民地朝鮮、特にその北部は、日本から満洲への中継地点としての役割が期待される場所だった。そこで、日本側は「北鮮ルート」と呼ばれる新交通ルートの形成を推進していった（当時、日本側は朝鮮北部を差別的に「北鮮」と呼称していた）。

「北鮮ルート」は、新潟・敦賀《つるが》などの港から海を渡り、朝鮮北部の港に上陸し、「満洲国」の首都「新京」（長春）までを結ぶと

いうものであった。これに伴って、朝鮮北部を満洲侵略拠点として再編する政策が進められた。

■一方的に進めた新しい港の建設

「北鮮ルート」の一拠点として選定されたのが、冒頭で見た新安面だった。新安面に新たに港を建設し、すでに開港していた朝鮮北部の港である清津《チヨンジン》・雄基《ゆうき》両港とともに「満洲国」への玄関口とすることが目指された。新安面に新港を建設することは日本陸海軍の強い要求を背景としており、軍事拠点としての役割も強く期待されていた。

こうしたなかで、多数の日本人が新安面に移り住んでいった。新安面は日本人の街という役割を付与され、羅津《ラジン》府に再編された（府は日本の市。以下、羅津と呼ぶ）。こうした一連の動きは、現地の朝鮮人に断りなく日本側が一方的に進めたことである。

■強権で住宅撤去／警察が強制執行

羅津では「満洲事変」の少し前から、新たな港湾が建設されるのではないかとうわさされていたこともあったので、その主要な土地は日本人を中心としたブローカーによって、不当な低価格で買い占められた。

また、日本の軍事拠点を建設するために、強権的な土地収用令などを背景としつつ、行政側が執拗に住民を圧迫して、低価格で土地を買い上げるなどの政策をとった。こうしたなかで、漁業を中心としていた朝鮮人の生活基盤が脅かされた。

さらに、「満洲国」への玄関口として羅津に「都市」を新たに建設することになった。朝鮮総督府は「朝鮮市街地計画令」（日本本国の都市計画法にあたる）を１９３４年に制定して、羅津建設を断行した。「市街地計画」といえば聞こえはいいが、実態は地域破壊にほかならなかった。本国の都市計画法よりも強権的な住宅撤去規定を持つ朝鮮市街地計画令にもとづき、住宅撤去は警察などの手で強制執行された。

羅津港全景

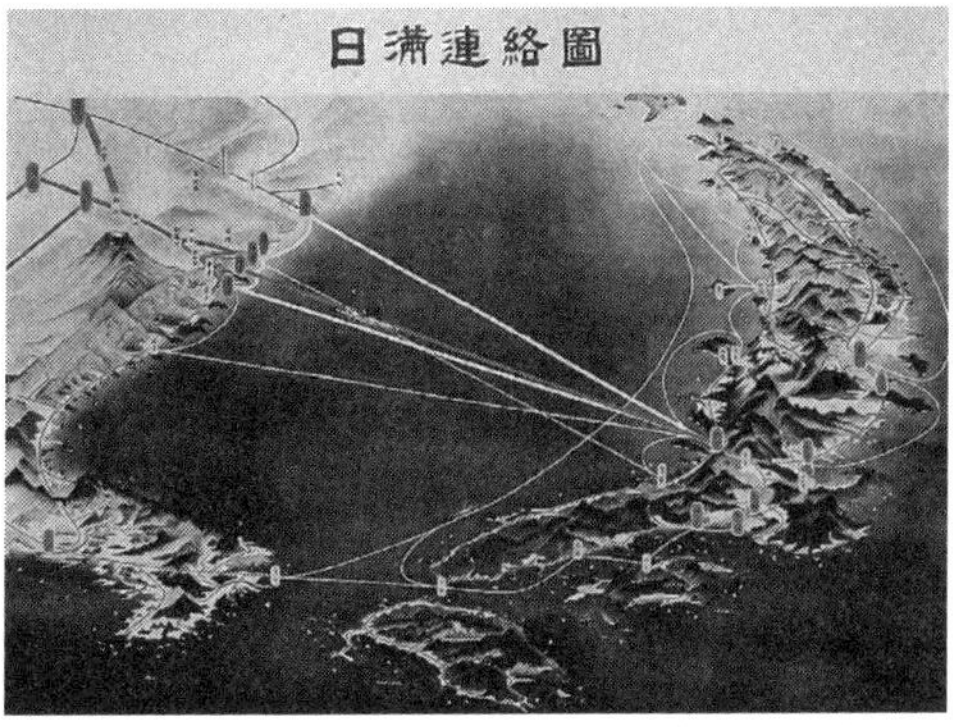

日満連絡図（ともに南満洲鉄道株式会社鉄道建設局『羅津港建設工事写真帖』1935年から）

36年夏、事業関係者である朝鮮総督府の技師・山岡敬介が羅津に来た際、強制撤去された数百名が殺到し抗議した。人びとは生活の保障を要求したのであるが、山岡は面会を拒絶した。こうした一連の経緯から浮かび上がるのは、朝鮮への差別である。朝鮮人住民を無視し、日本本国よりも強権的な「法」を適用して、一方的に地域を破壊したのである。

羅津は満洲侵略の影響を最も直接的に受けた地域だが、同じような経験をした村は少なくない。当時、新潟などでは「北鮮ルート」によって、開発が遅れていた自らの地域を発展させる契機になるとの「夢」が語られていた。そして日本人の多くが満洲に「夢」を抱いた。だが、その「夢」の下で中国の人びとが虐げられ、朝鮮の村々が踏みにじられたことを知る必要がある。

（かとう　けいき・一橋大学准教授）

労働者移動紹介事業　戦時下の強制労働動員の原型

加藤　圭木

日本の植民地支配下におかれた朝鮮では、朝鮮総督府の経済政策によって、大多数の朝鮮農民が貧困状態に追い込まれていた。自作農・自小作農が没落し、小作料の高率化や小作権の移動が激しくなるなかで、土地を失ったり、生活が窮迫した農民が日本や満洲へ移住した。さらに、山林に入って火田民《かでんみん》（焼畑農民）となったり、都市で土幕民《どまくみん》（バラック住民）となる動きが進んだ。

1930年前後の朝鮮では、社会主義運動の影響力が拡大し、農民組合・労働組合運動が高揚した。社会主義勢力は、貧困層向けの教育施設を各地で整備するなど、人びとの要求を踏まえた活動を展開した。大衆的基盤をもって民族解放運動を展開していたのである。

■社会主義運動の高揚への危機感

1931年に朝鮮総督に就任した宇垣一成《うがきかずしげ》は、社会主義運動の高揚に危機感を抱き、193

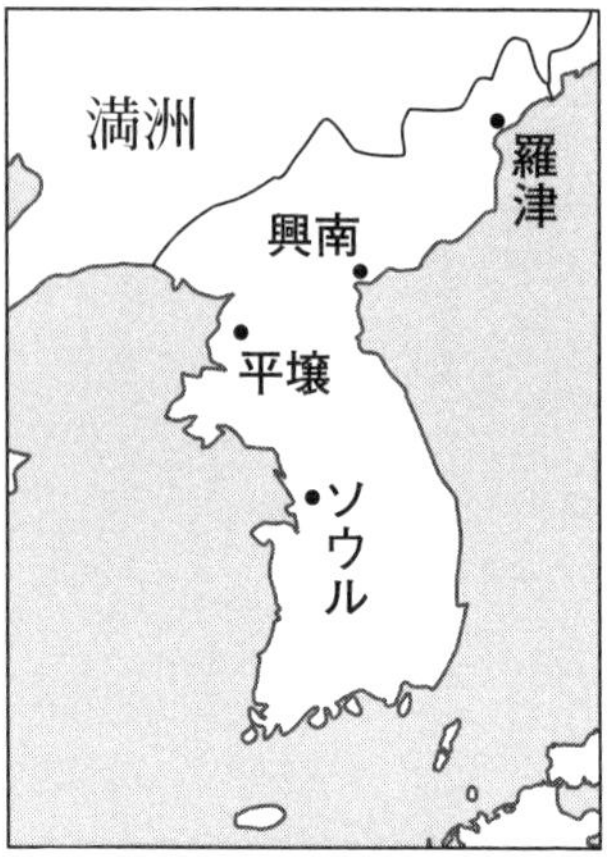

3年より官製運動の「農村振興運動」を展開し、農民の不満を抑えようとした。「自力更生」をスローガンとして、営農技術向上や副業奨励、また貯蓄や家計簿作成などが推奨されたのである。

しかし、地主制や高額な小作料といった根本的な矛盾を放置し、天皇制イデオロギーを押しつける精神主義的運動としての側面が強かったため、農民の悲惨な状況は変わらなかった。

朝鮮総督府は、もう一つの方策として人口移動政策を実施した。それが、1934年に開始された朝鮮南部の農民を北部の労働現場に送り込む「労働者移動紹介事業」である。深刻な貧困状態におかれた農民達は、主として稲作地帯である朝鮮南部に集中していたので、これを「工業化」や「軍事拠点化」が進みつつあった北部に送ることにしたのである。

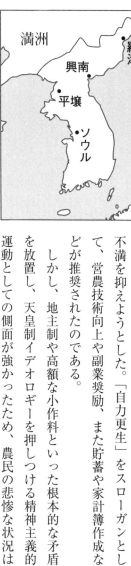

当時、朝鮮では総力戦体制の構築という観点から、「朝鮮北部重工業地帯建設計画」が進められ、満洲への接続拠点として朝鮮北部の羅津《ラジン》港の建設が行われていた。

「労働者移動紹介事業」によって労働者のあっせんがはじまると、南部の農民の中には、このまま農村に残って死ぬよりはましだろうと考えて応じる人がでてきた。経済的条件による構造的な強制だったわけである。

■就業詐欺まがい、過酷な労働条件

しかも、あっせんに応じたところで、人びとの困難な状況は変わらなかった。北部の労働現場では、事前に聞かされていた額よりもはるかに低賃金であったり、過酷な労働条件だったりしたのである。さらに、到着したところで住居すら整備されていないこともあり、そもそも仕事自体がないということもあった。これらはいずれも就業詐欺である。また安全対策も不十分で、土木現場や炭鉱では事故が続発した。あっせんされた人びとの不満が爆発し、抗議したり、逃亡する人も相次いだ。

日本窒素肥料会社が設立した朝鮮窒素肥料会社の興南工場（『画報日本近代の歴史 10』から）

１９３０年代半ば、朝鮮北部「工業化」の進展度は低く、大量の労働者の生活を支えられる状況ではなかった。しかし、社会主義の抑制という目的のために南部の農村から農民を引き剥《は》がし、北部に送ったのである。これは棄民政策に他ならない。

「労働者移動紹介事業」は日中戦争以降の強制労働動員の原型となった政策である。戦時期には労働力不足から、朝鮮北部や日本などへの大規模な動員が行われるが、それ以前にすでに人権無視の労働あっせんが存在したのである。なお、いま、主に問題になっているのは日本での強制労働であるが、朝鮮内での労働動員の実態は部分的にしか明らかになっていない。

こうして日本側は、支配の矛盾を何ら解消させることなく、侵略戦争を拡大させ、ファシズムへと突き進んでいった。そうした中で、朝鮮の人びととの間の矛盾はますます拡大していったのである。

（かとう　けいき・一橋大学准教授）

Ⅴ 「皇民化政策」がもたらしたこと

「皇民化政策」 **権利なき「帝国臣民」**

水野 直樹

一 私共は大日本帝国の臣民であります
一 私共は心を合せて天皇陛下に忠義を尽します
一 私共は忍苦鍛錬して立派な強い国民となります

これは、1937年10月、朝鮮総督府が制定して朝鮮人に唱えさせた「皇国臣民ノ誓詞《せいし》」（児童用）である。戦時期朝鮮での「皇民化政策」を象徴するもので、45年の日本敗戦まで、各種の会合、学校の朝礼などで必ずこれを唱え、新聞や雑誌は、これを掲載しなければ発行を許さないという政策が続けられた。

■「内鮮一体」唱え戦時動員を強化

1936年に朝鮮総督に就任した陸軍大将南次郎（前関東軍司令官）は「国体明徴《こくたいめいちょう》」（天皇の絶対的統治権を明確にすること）を掲げていたが、37年7月に日中戦争が開始されると、朝鮮での戦時動員体制を強化するため、「内鮮一体」を唱えて朝鮮人の「皇国臣民」化を推し進めた。その最初の手段として制定されたのが、「皇国臣民ノ誓詞」であった。児童用のほか中等学校生徒や一般人用の「誓詞」も定められたが、これは総督府学務局長の通達で唱えることを指示しただけで、法的根拠のないものであった。

総督府は神社参拝や日常生活での日本語使用などについても、それまで以上に強制的な手法をとりはじめた。「皇国臣民」としての自覚を朝鮮の子どもたちに持たせるために、11年に公布された朝鮮教育令を改定すること、志願兵制度を実施することなどを決め、37年12月に閣議決定した。それを受けて、南総督と拓務《たくむ》大臣は昭和天皇に対して、これらの政策が「朝鮮の日本化」を促進するものであると説明した。皇民化政策は日本全体の政策になったのである。

それまで朝鮮人が通う学校は普通学校、高等普通学校と呼ばれていたが、教育の「内鮮一体」を図るとする朝鮮教育令の改定によって、日本人学校と同じように小学校、中学校に名称が変更された。しかし、日本人と朝鮮人が別々の学校に通う実態はほとんど変わらなかった。

「内鮮一体」を口実として朝鮮語の授業が随意科目とされ、実質的に学校での朝鮮語教育は廃止されることになった。皇民化教育を強化・拡張するため、学校数は戦時期に増え続けたが、義務教育は結局実施されずに終わった。

■地域に「愛国班」／創氏改名を強要

日本「内地」で総動員体制が固められていくのに合わせて、朝鮮でも1938年7月に国民精神総動員朝鮮連盟が結成された（40年に国民総力朝鮮連盟に改組）。総督府政務総監を頂点に総督府や朝鮮軍（朝鮮駐屯の日本軍）の官僚・軍人が名を連ねた官製団体だったが、下部では地域・職域ごとに連盟が置かれ、最末端には愛国班が組織された。「内地」での隣組に類するもの

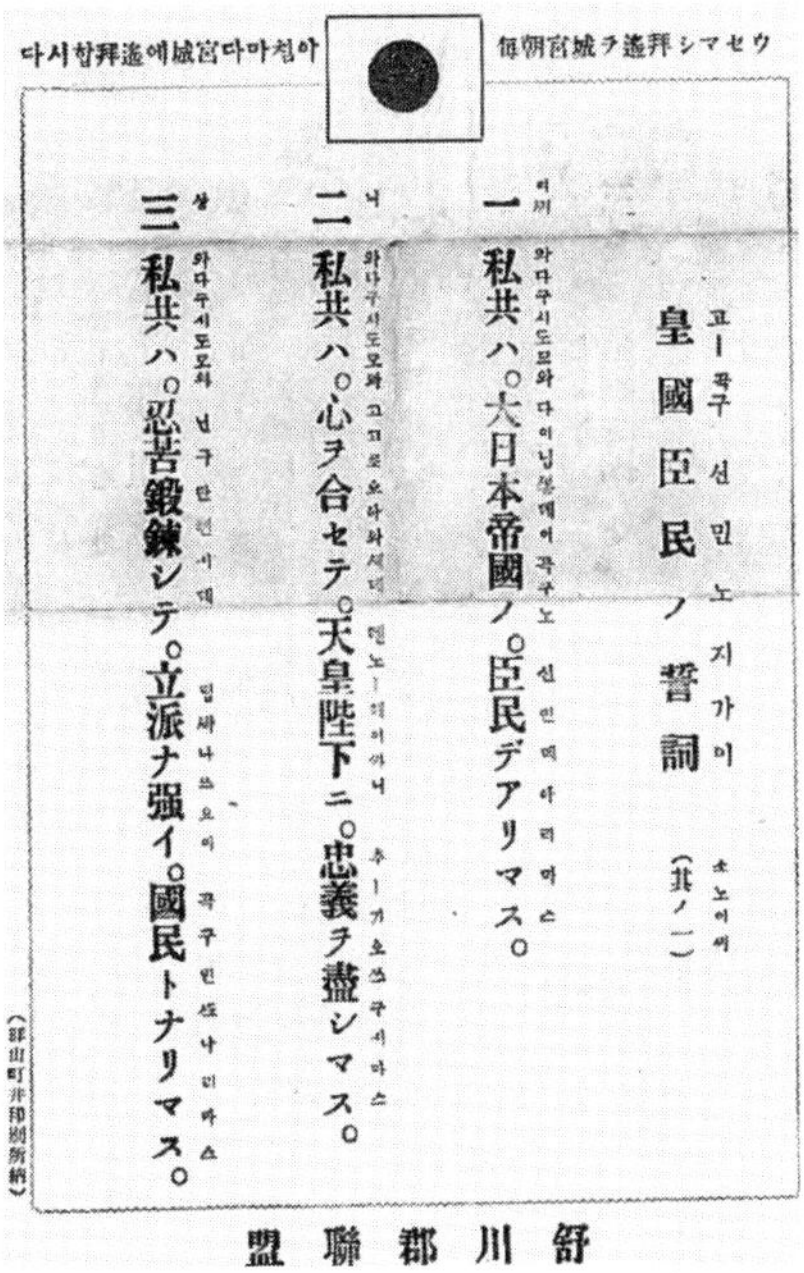
毎朝宮城ヲ遙拝シマセウ

皇國臣民ノ誓詞（其ノ二）

一　私共ハ。大日本帝國ノ。臣民デアリマス。

二　私共ハ。心ヲ合セテ。天皇陛下ニ。忠義ヲ盡シマス。

三　私共ハ。忍苦鍛錬シテ。立派ナ強イ。國民トナリマス。

舒川郡聯盟

「皇国臣民ノ誓詞」カード（児童用）（写真は『図録　植民地朝鮮を生きる』岩波書店、2012年から）

で、神社参拝や国防貯金、金属類の供出など、皇民化政策や戦争協力に動員された。

このような皇民化政策は40年以降、いっそう強化され、朝鮮人経営の朝鮮語新聞の強制廃刊や「創氏改名《そうしかいめい》」が実施されるとともに、労働者や「軍隊慰安婦」の動員、徴兵制の実施などの形で日本の戦争遂行に直接動員されることになる。

「内鮮一体」を掲げた皇民化政策だが、朝鮮人に日本人と同等の権利を認めるものではなかった。朝鮮人の側が政治的権利（日本の議会への議員選出権など）や社会的権利（「内地」渡航の制限廃止など）を要求しても、日本政府は決して受け入れようとしなかった。

冒頭に紹介した「皇国臣民ノ誓詞」は、皇民化政策の強圧性を示している。誓詞は一時朝鮮語に翻訳されラジオで放送されたこともあるが、日本語で唱えなければならないとして、朝鮮語訳は禁止された。

図版（前ページ）の「誓詞」の文章の横にハングルが書かれているが、これは朝鮮語への翻訳ではなく、日本語の読みをハングルで記しただけのものである。つまり、内容を理解しなくても、日本語で唱えることが強制されていたのである。この「誓詞」カードに皇民化政策の強圧性と矛盾を見ることができる。

（みずの　なおき・京都大学名誉教授）

植民地公娼制

日本軍「慰安婦」制度に結びつく

宋 連玉

1876（明治9）年の日朝修好条規により釜山《プサン》が開港するや翌年、日本の釜山管理庁が「酌取《しゃくとり》女《おんな》」の取り扱いを決め、ついで領事館が81年、「貸座敷営業規則」「芸娼《げいしょう》妓《ぎ》営業規則」を制定した。貸座敷とは娼妓解放令（1872年）以降の、遊女屋に代わる新造語である。

この時期の居留地地図には、吉原の「中米楼」を含む9軒の妓楼《ぎろう》と6軒の料理店が記載されている。外務省の80年の旅券発給記録を見ると、吉原の業者は特権的に朝鮮行きを保証されており、個人の起業意欲だけで説明できるものではない。名だたる明治新政府の政治家たちもひいきにしていた大店《おおだな》があえて釜山へ渡ったのは、それだけの保証があったからだろう。

1911年、鎮海に軍港を建設する際、社会基盤整備の費用を負担する条件で貸座敷敷地の貸し下げが許可された。ここにも吉原の大店格の遊廓が関わっている。この計画は結果的には実現しなかったが、遊廓業者と公権力の結びつきがうかがえるエピソードである。

■国家管理売春を植民地へと移植

近代公娼制とは「軍隊慰安と性病管理を機軸とした国家管理売春の体系」で、「公娼制度の温存は植民地において本国より重要」（藤目ゆき『性の歴史学』1997年、不二出版）であるが、日本は植民地支配をした台湾と朝鮮に公娼制を移植したのである。それまで朝鮮、台湾に公娼制の類いは存在しなかった。

営業区域の指定や性病検診の義務化、娼妓（公娼）の外出禁止などは日本と同じだが、娼妓の許可年齢が日本では18歳に対し、台湾は16歳、朝鮮は17歳と差が設けられた。そのために、より貧しい娘たちが日本「内地」から朝鮮へ、朝鮮から台湾へなどと移動する回路が形成された。

朝鮮の釜山・元山《ウオンサン》は日本の専管居留地だったが、1883年開港の仁川《インチヨン》では清国・欧米諸国の領事館も開設された。日本の外務省は国家的な体面から釜山・元山のようなあからさまな遊廓経営に難色を示し、公娼制存続を訴える仁川領事館との妥協案として、貸座敷を「料理店」、娼妓を「芸妓」「酌婦」と呼ぶようにした。

やがて日露戦争（1904～05年）の前から、貸座敷と変わらない料理店を「特別料理店」と呼びかえ、娼妓も「乙種芸妓」などと呼んで公娼制の地ならしをする。香月源太郎『韓国案内』（1902年）の巻末広告（写真）は、この偽装公娼制の実態を雄弁に物語る。この広告から日露戦争前夜、すでに日本人業者が朝鮮人娼妓を雇用していることもうかがえる。

■憲兵隊司令官が制度確立を担う

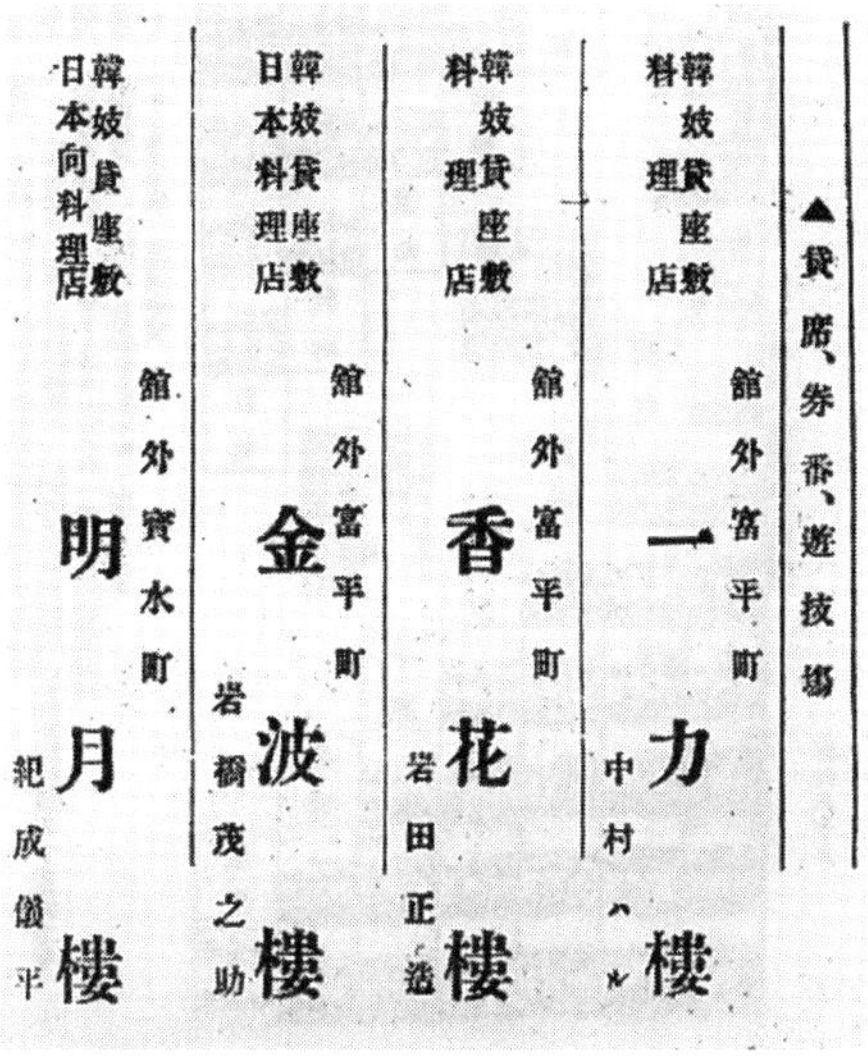

「韓妓貸座敷　料理店」の広告。貸座敷とは性売を公認された女性（娼妓）の性売場所。料理店の内実は朝鮮人娼妓を雇う貸座敷であることを示す

1910年の「韓国併合」以降、武断政治の下で性管理が強化され、1916年5月に朝鮮総督府警務総監部令第4号「貸座敷娼妓取締規則」が施行される。貸座敷、娼妓という名称が1881年以来復活したのである。この背景には1916年4月からの朝鮮軍19師団、20師団の逐次編成がある。立役者は、朝鮮総督・寺内正毅《まさたけ》の下で憲兵隊司令官を務めた明石元二郎《あかしもとじろう》である。

朝鮮の公娼制が日本「内地」のものと異なる点は許可年齢だけではなく、廃業規定についても朝鮮では業者の裁量とされたことだ。法令以外にも、娼妓に対する民族差別は前借金など待遇全体に及んだ。

植民地支配が進むにつれ朝鮮人娼妓の数は増加し、1939年には日本人と朝鮮人の数が逆転する。台湾においても1920年代初めから朝鮮人娼妓の台湾渡航が増えはじめ、40年前後には台湾全体の娼妓数の約4分の1を占めるようになる。

日中戦争下、大量の朝鮮人娼妓が台湾から中国・華南地方の戦地「慰安所」に送り込まれた。これは日本軍が「慰安婦」制度において植民地の公娼制を最大限に活用した一例である。公娼制と「慰安婦」制度の違いを平時と戦時の違いに求める見解もあるが、日本の植民地支配が軍事主義と深く結びついていることを見逃しては問題の本質は見えてこない。

（ソン　ヨノク・青山学院大学名誉教授）

朝鮮人「慰安婦」 動員は植民地支配が可能にした

藤永　壮

韓国の元日本軍「慰安婦」被害者が日本政府に求めていた損害賠償についてソウル中央地裁は2021年1月8日、請求通りの支払いを命じる判決を言い渡しました。

■被害女性の尊厳回復こそが本質

日韓関係の懸案とされるこの問題の本質は、植民地支配と侵略戦争のもとで、性暴力を受けた被害女性の尊厳を回復する人権問題です。今回の判決もこの考え方に沿っています。ところが日本では、被害者を侮辱することで日本国家を免罪しようとする歴史修正主義的な主張が1990年代後半から拡散しました。

たとえば「慰安婦」制度は戦地・占領地で実施された公娼制度であり、戦前の日本で「売春」は公認されていたので、「慰安婦」制度も違法ではないという主張です。しかし違法な人身売買の前借金で身柄をしばり女性に「売春」を強要した日本の公娼制度は、当時も奴隷制度

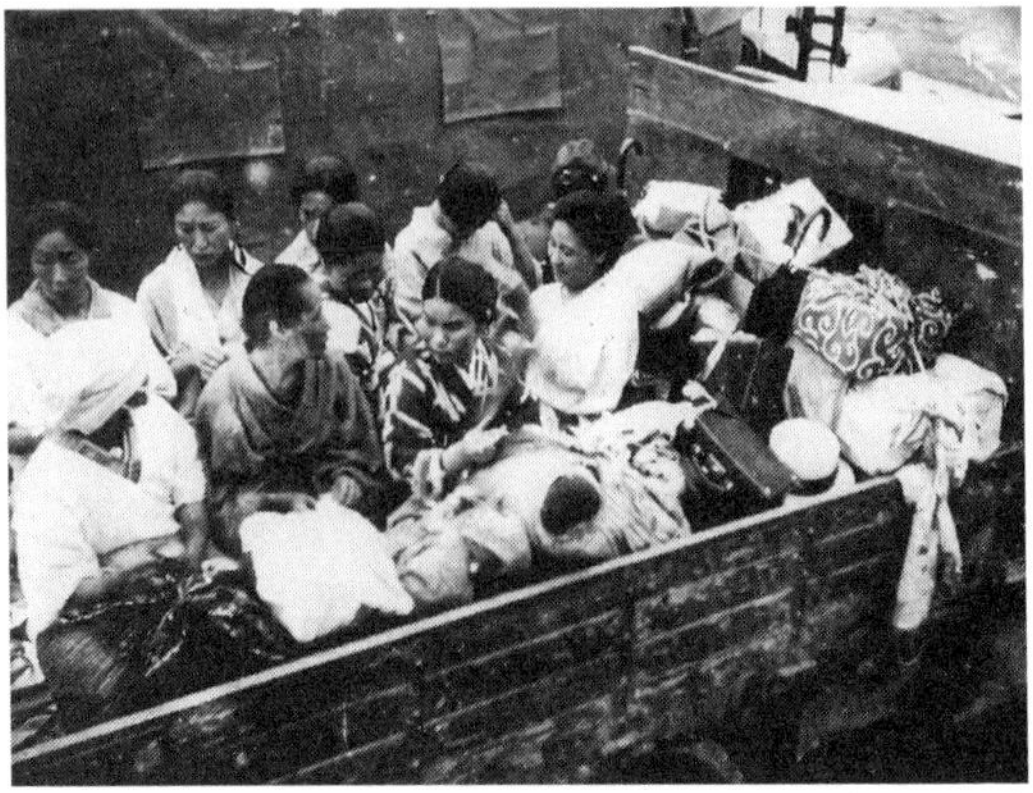

戦局にともない、覆いのない無蓋トラックに乗せられ移動させられる「慰安婦」。「荷物同様に運ばれる有様」「ほとんどは朝鮮人女性」との文章が添えられています（村瀬守保写真集『私の従軍中国戦線　一兵士が写した戦場の記録』日本機関紙出版センター）から

の一種と批判されていました。

「慰安婦」制度が日本軍当局のもとに実施された公娼制度なら、それは日本国家が責任を負うべき性奴隷制度にほかなりません。そして証言によれば、朝鮮人「慰安婦」の多くは詐欺や誘拐などで日本の版図外へ連れ出されました。これも違法です。

日本軍による性的「慰安」施設や、そこに所属する女性の管理は、日露戦争（1904〜05年）で戦場となった満洲（中国東北地方）ですでに実施され、軍医らが性管理体制の中核である性病検査を行っていました。シベリア出兵（1918〜22年）でも日本軍は許可した接客女性に性病検査を義務づけていました。

一方、開港場を中心に日本当局などが性売買管理を行っていた朝鮮では、韓国「併合」（1910年）後の16年に「貸座敷娼妓取締規則」が施行され、日本の植民地権力によって、朝鮮全域で統一的に公娼制度が実施されました。

ほぼ同時期に朝鮮人の接客女性が満洲へ移動する現象も見られはじめます。日露戦争中に日本軍が満洲で実施した性管理政策は、戦後には日本の現地機関による公娼制度へと衣替えしていました。

日本軍が「慰安所」という名称を使用しはじめたのは、1931年の満洲事変を起点とする十五年戦争の時期です。32年の第1次上海事変の際に海軍が慰安所を設置したのですが、その一部は「からゆきさん」の系譜を引く、日本人業者による事実上の公娼施設を海軍が指定したものでした。

これにならって上海では陸軍も慰安所をつくります。日本の影響力が増大した上海ではその後、朝鮮人接客女性が急増し、やがて海軍慰安所にも朝鮮人「慰安婦」が現れます。このころには満洲の各地でも、日本軍による性的「慰安」施設がつくられ、朝鮮人女性が従業させられました。

37年7月に日中戦争が全面化すると、日本軍兵士が中国人女性を強姦《ごうかん》する事件が多発し、日本軍は強姦防止や性病対策のため、陸軍中央の承認のもとで占領地に慰安所を大量に設置します。こうして中国各地につくられた慰安所に、多数の朝鮮人「慰安婦」が送り込まれました。

朝鮮総督府の警察機構は女性に中国への渡航証明書を発行し、朝鮮からの「慰安婦」動員をサポートしました。41年7月の関東軍特種演習にあたっては、関東軍の依頼で朝鮮総督府が少なくとも3000人の「慰安婦」を集めて満洲へ送ったと言われています。そして戦地へ動員された女性への性的虐待を内容とする「流言」が、朝鮮の中で広まっていきました。

■陸軍省みずから設置に乗り出す

41年12月、アジア太平洋戦争が始まると、陸軍省は自ら慰安所の設置に乗り出します。朝鮮では総督府を通さず、朝鮮軍司令部によって「慰安婦」が集められました。日本軍が占領した東南アジアや太平洋島嶼《とうしょ》地域にも慰安所が設置され、朝鮮人「慰安婦」が動員されます。朝鮮軍司令部の打診に応じた業者が「第四次慰安団」として、42年7月に703名の朝鮮人女性を連れて釜山を出港、翌月にビルマへ到着した事例はよく知られています。

多くの未成年者を含む朝鮮人女性が「慰安婦」にさせられたのは、性病感染の可能性が低いこと、日本内地での公然たる動員は公序良俗に反し「皇軍」の威信を失墜させると認識されたこと、などによるものでしょう。そしてなによりも、朝鮮が日本の植民地であったからこそ、朝鮮人「慰安婦」の動員が可能だったのです。

（ふじなが　たけし・大阪産業大学教授）

創氏改名　天皇への忠誠迫りながら差別維持

水野　直樹

朝鮮の植民地支配期に行われた政策の中でもっともよく知られているのは、創氏改名《そうしかいめい》であろう。一般には、朝鮮人の名前を日本名に改めさせたもの、同化政策の端的な表れと理解されているが、この政策の本質を明らかにするにはその理解では不十分である。社会の基本である家族制度の問題として考える必要がある。

■朝鮮の家族制度、戦争協力の障害

日本の家族制度と朝鮮の家族制度には大きな違いがある。日本では明治期に、家（イエ）制度が成立し、家長（戸主）を中心とする「イエ」が天皇制国家の社会的基盤となった。現在でも結婚する際は夫婦どちらかの姓を選び、家族はすべて同じ氏（名字）を名乗らなければならないのは、家制度の名残である。

それに対して、朝鮮の伝統的家族制度は、父系（男系）の血族集団を中心としていた。子ど

もは父の姓を継ぎ、それは一生、変わることがないという慣習があり、女性は結婚しても姓は変わらない。結婚相手には異なる姓を持つ者を選ぶ慣習もあったため、必然的に夫婦別姓となった。

日本が朝鮮を支配し、朝鮮人に天皇や日本国家への忠誠心を抱かせ戦争に協力させるうえで朝鮮のこのような家族制度は障害と考えられた。

■国家中心の観念「培養」するため

父系集団への帰属意識が強いままでは、天皇への忠誠心を抱かせることができない、日本の家制度を朝鮮に持ち込む必要がある、そのためにはまず名前のあり方を変えねばならない、と植民地支配者は考えた。

朝鮮総督南次郎は創氏の目的を、「半島人〔朝鮮人〕をして血族主義から脱却して国家中心の観念を培養し、天皇を中心とする国体の本義に徹せしめる」ことにあると説明していた。

朝鮮人に家族の名称である「氏」を名乗らせる（＝創氏）ために、日本の民法にあたる朝鮮民事令を改めて、１９４０年2月11日（当時の「紀元節」）から6カ月間に「氏」を届け出ることが義務とされた。公務員や教員などが手本を示し、村や町では役所、愛国班などが家々を回って届け出を「督励」した。氏は2字からなる日本的な名字がよいとされた。

それでも届け出ない場合は、戸主の姓がそのまま「氏」となった。例えば、戸主である金○○が氏を届け出ない場合は、戸主はそのまま金○○だが、妻である李△△の法律上の名前は金△△になった。これは本人の意思と関係なく、法的強制であった。

■日本人と区別できる名前

一方で、植民地支配秩序の維持のために、名前で日本人と朝鮮人を区別する必要があると考える当局者もいた。特に警察当局は、取り締まりのためには区別がなければならないと考えていた。適用する法令が日本人と朝鮮人とで違っていたり、同じ仕事でも給料や待遇に差別が設けられたりしていたので、名前で区別できるほうが便利だという考えである。

創氏改名によって「李茂炯」を「武田茂」に書き替えた通信簿（在日韓人歴史資料館所蔵）

そのため、氏の設定では、なるべく日本人と区別できるものにするよう誘導された。もとの姓に1字を加える（金→金山など）、本貫（父系集団の祖先の発祥地）にもとづいて氏を定めるなどで、「朝鮮的な氏」を定める例が多かった。さらに、「改名」、つまり下の名前を改めることは実際にはあまり奨励されず、8割の家が創氏を届け出たのに対し、改名をしたのは人口の1割にとどまった。

「創氏改名」は、朝鮮に日本的な家制度を持ち込むことによって、天皇と日本国家への忠誠心を植え付け、戦争に協力させる一方で、植民地支配の維持のために日本人と朝鮮人を区別・差別するという相反する目的をもつ政策であった。

1940年から45年まで実施されたこの政策で、朝鮮社会に家制度が根付いたわけではない。しかし、その一方で大きな混乱を引き起こした。例えば、日本軍兵士とされた朝鮮人の戦死者は創氏名で記録され、遺族を探す障害となっている。何よりも社会の基礎である家族のあり方を強権的に変えようとした政策であるだけに、強制された人びとに癒やしがたい傷を残したことを忘れるべきではない。

（みずの　なおき・京都大学名誉教授）

米の供出　窮迫した農民が内外へ流浪

樋口　雄一

朝鮮は農業国で、人口の9割以上が農民でした。１９１０年の「韓国併合」後、日本の朝鮮農民収奪は、米を生産させ、それを安く日本に移出し、日本の米価を低水準に置くことでした。日本の米騒動（18年）の時、安く買いたたき、廉売に利用したのも朝鮮米でした。

■畑で稲を作らせ旱害で餓死招く

朝鮮の農民は、米ができるときは米を、麦ができるときは麦をなど、米・麦・そば・あわなどを中心に混食をして暮らしていました。春窮期《しゅんきゅうき》（春に米を食べ終わり麦の収穫まで）には、小作農家の女性は野山に野草を摘みに行き、男は松の若木をかじると出る白い樹液をのみ、飢えをしのぐ状況でした。

朝鮮の米の生産は、水利のある水田と降雨のみに頼る天水田《てんすいでん》（畑）がそれぞれ耕地面積の50%を占めていました。天水田は、陸稲《りくとう》・麦・そば・あわ・ひえ・芋・大豆など朝鮮人の食生活

朝鮮総督府農商局が作成・配布した米の供出を求めるチラシ。「一粒のコメでももっと国にささげ、鬼畜米英を打倒しよう」と書かれている（独立紀念館所蔵）

に欠くことのできない大切な土地でした。朝鮮総督府はそこで水稲を作ることを進めました。そのため、雨が降らないとたちまち旱害《かんがい》が起き、日中戦争下の1939年には大旱害で餓死者がでました。朝鮮ではこうした旱害が42年から44年まで継続しました。

■全収穫を取り上げ、拒否すれば逮捕

総督農政の結果、極端に農民の食が窮迫しましたが、窮迫をもたらしたのは自然の影響だけではありません。大きな要因は米の供出です。日本全体の米不足は39年の朝鮮大旱害以降に始まり、戦時下で軍の消費が拡大し逼迫《ひっぱく》した状態になりました。朝鮮農民に対する米の供出要求は厳しくなり、警察官と供出督励員、役場の職員が立ちあって供出させ、軍隊や日本に送られました。

はじめは自家消費を認めていましたが、やがて全収穫を供出し、農民が食糧の配給を受ける

ようになりました。戦争末期には米を供出し、代わりに満洲大豆から油を絞った後の絞りカスが配給されました。赤カビが生えていたそうです。供出を拒否したり、穀物を隠したりした場合は逮捕、処罰されました。

食料不足は直接、朝鮮人の子どもに影響しました。42年、全羅南道宝城郡弥力国民学校には366人の生徒がいましたが、朝食を食べていない子、昼食のない子、1日1食の子、欠食で登校しない子が合計93人いたという報告があります。4分の1の子どもが満足に食べていませんでした。体操の時に昏倒《こんとう》する子も出ました。朝鮮の子どもの身長は次第に低くなりました。朝鮮の乳幼児の死亡率は30％を超えており、当時のインドや中国と同じに高率でした。

食の欠乏に加えて植民地医療制度も小作人には無縁のものでした。韓国北東部の江原道内の調査では、31年中に「生前全く医師・医生の治療を受けず死亡した」朝鮮人は7839人で、全死亡者3万5071人の22％と報告されています。医療制度も不十分で小作農は一生医師にかかることも、漢方医から漢薬を買うこともできなかったという証言があります。

植民地下、地主制が維持され、日本人地主が多くなり、朝鮮人自作農が減少、小作農が増えました。米の小作料は6割を超え、暮らしが成り立たず多くの農民が流浪しました。流浪の過程で餓死・病死する農民は、1935～42年には毎年、確認できるだけで4000～5000人にのぼり、39年の大旱害の時には、流浪し、身元がわからない餓死・病死者のみで8325

人に達しました。
国外に流れ出た者も多く、敗戦時の朝鮮人の総人口2500万人のうち、朝鮮人農民は、日本に200万人、中国東北部（満洲）に200万人、中国・その他に100万人が、朝鮮外で暮らしていました。

（ひぐち　ゆういち・朝鮮史研究者）

強制労働動員　武力を背景にまともに賃金払わず

樋口　雄一

朝鮮半島から米を収奪する日本の植民地政策により、朝鮮の9割を占める農民の暮らしは窮迫しました。そこに、さらなる困難をもたらしたのが、戦時下の経済・社会の統制でした。戦時動員が朝鮮人民衆全員に強制されたのです。

■動員名簿を作り住民を統制管理

朝鮮総督府と国民総力朝鮮連盟（日本の隣組制度にあたる）が住民一人ひとりを統制・管理し、動員も系統的に行う体制で、逃れることはできませんでした。朝鮮人側を統制し、体制を支えたのが武力を持った駐屯日本軍と警察、日本の支配組織でした。

邑《ゆう》（日本の町にあたる）では、日本への労働動員名簿が作られました。対象は小作農の二・三男で、のちには長男も対象になりましたが、地主の子どもは対象になりませんでした。

強制労働動員は1939年から始まりました。37年に日中全面戦争が始まり、日本では38年

福岡県八幡市（当時）の朝鮮人労働者

日立鉱山で死亡した朝鮮人労働者の遺骨＝上下ともに朴慶植著『朝鮮人強制連行の記録』（未来社）から

に国家総動員法、39年に国民徴用令が施行されています。日本政府の資料から、日本国内（樺《から》太《ふと》、南洋を含む）に強制動員された朝鮮の労働者は、45年の日本の敗戦までに70万人余になります。このほかに朝鮮内に強制労働動員された人が158万人以上います。

日本への動員では、まったく日本語のできない人は炭坑鉱山・土木・運輸などに、普通学校を出た人など日本語のわかる人は工場にと、区分して動員されました。系統的・計画的な動員で、動員地は日本企業が申請し総督府が割り当てました。動員期間は当初は2年間の約束でしたが、戦争末期にはあと1年延ばされることもありました。

動員先の日本では食事の量の少なさが問題になりました。重労働で、大半の人が空腹を訴えましたが、炭坑などでは主食の米・麦（のちには雑穀）は朝鮮の農村で働いていたときより減らされ、副食にはキムチなどはなく、たくわんなどで口に合いませんでした。大半の現場が長時間労働でした。

炭坑では事故も多く、けがや死亡者も多かったのです。死亡した場合、遺族に遺骨を届けることになっていましたが、遺骨だけ届け弔慰金は支払わなかった、と当時を回想した江原道の日本人警察幹部が記録しています。警官は、このうわさが広がると今後の強制動員に影響があるからと心配しているのです。死亡・けがの場合も、当時はもとより今になっても、日本政府は個人に対し、おわびの手紙も補償もしていません。

■下ろせない貯金／送金は行方不明

賃金のうち本人に渡る金額は、逃亡を恐れ「小遣い程度」に限定され、残りは食事代、宿舎代、貯金やたえず課される国防献金などに徴収され、本人の手には渡りませんでした。一部は一定金額の貯金、希望によっては家族送金にあてられましたが、預金を下ろす自由はなく、日本の敗戦時には、混乱を理由に支払われませんでした。動員された朝鮮人の大半は既婚者で、故郷には父母や妻・子どもがいました。送金しても邑・面（日本の町・村）長の印と確認が必要で、大半の人の送金がどうなったかは不明です。特に土木現場に配置された人の送金と残された家族の生活状態はわかっていません。日本政府は今に至るまで、朝鮮人の被害について一切調べていません。

強制動員で働き手を失った家族の暮らしは困難を極めたと思われます。日本の敗戦、朝鮮人にとっては解放が近くなるにつれ、朝鮮社会でも食料の闇売買などが盛んになり、当局も取り締まりだけでは対応できなくなっていきました。朝鮮人の生きるための行動が活発になり、最後の総督阿部信行《あべのぶゆき》は、総督府が朝鮮農民に強いてきた天水田《てんすいでん》（水利がなくても降雨に頼って米を作らせる田）の一部を畑にすると天皇に上奏し、許可を受けざるを得ませんでした。

（ひぐち　ゆういち・朝鮮史研究者）

Ⅵ　戦争協力への抵抗

民衆の抵抗　**「白い旗」を掲げたままに**

樋口　雄一

日本と朝鮮は歴史的に、違う言葉と慣習、食習慣を作りあげてきました。日本はこの違いを無視して植民地支配を強行、大きな抵抗を生みました。

短期間に朝鮮の民俗・習慣を無視して日本化を進め、朝鮮人と朝鮮文化を差別したこと、日本の利益を前面に朝鮮の土地と人を収奪し、豊富な人材と文化、豊かな土地、資源を持つ国を奪ったことが広範な抵抗を生んだ理由です。

■侵略批判の言動取り締まる法律

朝鮮人民衆の日本へのさまざまな形での抵抗を取り締まるため、日本は韓国政府に1907（明治40）年、保安法を制定させました。同法は「政治に関し不穏の言論動作または他人を煽動教唆」などによって治安を妨害するものに2年以下の懲役などの重い刑を科し、日本の侵略を批判する言動を取り締まりました。

1919年に三・一運動が起きると、その弾圧のために同年4月、「政治に関する犯罪処罰の件」（制令7号）を公布・施行。最高刑を10年以下の懲役または禁錮と大幅に引き上げました。1925年に日本国内で治安維持法が成立すると朝鮮でも同時に施行され、独立運動や社会運動を弾圧しました。

朝鮮民衆は三・一運動のような直接的な行動以外にも、さまざまな抵抗をしました。日本の戦争遂行政策とそれへの抵抗といえる事例を挙げます。

・戦時下の日本と同様に朝鮮でも、天皇誕生日などの祝日に日本国旗を揚げることが強制されていましたが、朝鮮で発行されていた日本語新聞の釜山日報には、朝鮮人が「玉のない国旗」を掲げていたり、はなはだしい時には5日間もぶっ通しで掲げているという嘆きが載っています。「玉のない国旗」とは、赤い「日の丸」のない白い旗のことで、それを何日も掲げているのは不敬だと指摘しているのです。朝鮮人にとって、なんのために掲げるのか理解できなかったのです。

• 1942年10月、慶尚北道の警察部長が大邱地方法院の検事正に出した文書には、米を供出した後に自家消費の食がなくなった農民が、配給日をねらい、警察や面事務所（日本の村役場に当たる）に押しかけて配給を要求したという報告があります。そのような行動が広がっているという内容です。

朝鮮総督府が設置し朝鮮人を投獄した刑務所の展示模型（独立紀念館の展示）

• 朝鮮農政の研究者、総督府小作官の久間健一は、『朝鮮農政の課題』（1944年）で、農民は米の収穫直前、あるいは刈り取り、脱穀、小作料納付時などに98の不正な方法で米を盗み取ったと詳細に書いています。食糧難のなかで生命を維持するための農民の抵抗の一つでした。

■西大門刑務所が当時の様子伝え

• 強制動員で日本に連れてこられた労働者も、食糧不足などで集団での紛争はめずらしくありませんでした。職場から逃亡したそれらの人は、朝鮮人集住地区や追及されない軍の作業場に入り込みました。そのため炭坑、工場の現場などでは労働者が不足し、逃亡が見つかるとひどいリンチで死亡することもありました。

抵抗したために、保安法、制令7号、治安維持法の3法が適用された朝鮮人の総計は1907～41年末までで1万5032人で、件数は2549件となっています（朝鮮『司法協会雑誌』22巻11号、1943年の掲載論文から）。この数字は、裁判の第1審で有罪となった人のみです。

朝鮮人の多くの人々が朝鮮内の各刑務所に収監されました。現在、観光地のソウルでは、3法が適用された人々が収監されていた西大門《ソデムン》刑務所が、当時の様子を伝えるために公開されています。

1945年8月15日を迎えた朝鮮人は、その日に朝鮮全土、外国にいた大半の人々が解放を一斉に祝い行進しました。朝鮮人にとってこの日は「解放」の日で、現在でも祝日です。

（ひぐち　ゆういち・朝鮮史研究者）

朝鮮人学徒兵

玉砂利投げて抵抗、脱走も

秋岡　あや

１９３７年の日中戦争から45年の敗戦まで、朝鮮では皇民化政策のもと戦時動員が行われました。戦時動員は労働動員と軍事動員に分けられます。労働動員は39年の「募集」、42年の「官斡旋」、44年の「徴用」の３段階があり、次第に強制性が強まり動員数も増えました。軍事動員も、38年には「志願兵」でしたが、44年からは「徴兵」になります。この間、女子勤労挺《てい》身《しん》隊、日本軍「慰安婦」、軍属、軍夫の動員も行われました。

■志願という名で徴兵された学徒

学徒兵は形式的には志願兵でしたが、学徒以外の若者が志願兵制から徴兵制へ移行する時期に動員されたため、強制性が強く、抵抗も大きかったのが特徴です。

朝鮮人学徒兵の動員過程に関する研究としては、姜徳相《カンドクサン》『朝鮮人学徒出陣』（岩波書店、１９９７年）があります。新聞資料と回顧録を丹念に分析することで、強制動員と抵抗の実態の詳

日本軍に動員された朝鮮人兵士の入営記念写真。（「対日抗戦期強制動員被害調査および国外強制動員犠牲者等支援委員会」作成の資料集から）

細を明らかにしています。

朝鮮人学徒兵は、１９４３年10月、日本人学生の徴兵猶予の停止措置が植民地の学生にも適用される形で動員されました。形の上では志願兵だったため、受付開始直後は大部分の学生が忌避。しかし朝鮮総督府の志願勧誘政策により、多くの学生が志願を強いられることになりました。

勧誘政策の第一は、志願手続きの簡素化です。手続きを学校長のもとで一元化し、修学地以外での志願・電報志願・代理志願を許可。既卒者も適格化し、締め切り後の受け付けも許可するなど、さまざまな改変を行いました。第二は、地縁・血縁関係の利用です。翼賛委員会、国民総力朝鮮連盟、各大学・高専、マスメディア、朝鮮奨学会、協和会などを総動員しました。そして第三に、警察力の動員です。

その結果、43年11月、学徒兵は朝鮮内では96%、帰省者（日本で学徒動員を知り忌避のため朝鮮に戻ったものの志願させられた人）は93%の高い志願率を出しました。同年12月に徴兵検査が行われ、翌年1月20日に入営。志願しない者は徴用され労働現場に動員されました。

入隊後は、朝鮮、日本、中国などの各部隊に分散配置されますが、朝鮮内の部隊では軍隊内の反乱や脱走が相次ぎました。中国戦線では脱営して独立軍に参加する者も多くいました。

学徒兵といえば、戦没学生の手記『きけわだつみのこえ』が有名ですが、ここに朝鮮人学徒兵の手記は含まれていません。当時、朝鮮人が本心を書き残すことは困難でした。彼らが語り出すのは解放（日本の敗戦）後で、韓国で出版された文学作品や回顧録にその一端が垣間見られます。

■狂ったふりをして戦死をのがれる

以下は、回顧録をもとに、私が証言を聞き取ったものです。学徒兵の視点からもう一度この時代を見てみましょう。

許相燾《ホサンド》氏は、1923年、慶尚北道慶山郡に生まれ、独立思想家の祖父の下で育ちました。日本に留学した43年10月、中央大学法科1年次に学徒動員となります。朝鮮へ帰省して伯父の家に隠れますが、警察が祖父を拷問したため出頭し、願書から「志願」の2字を消すことを条件に母印を押しました。

選考の結果は甲種合格（第一級の順位）。壮行会では神社の玉砂利を投げて抵抗しました。44

年1月20日、第20師団歩兵第80連隊（朝鮮第24部隊）に入営。歩兵で階級は2等兵。朝鮮人学徒兵は28人いました。初年兵訓練では何をしても殴られ、朝鮮人は露骨にいじめられました。

入営から3カ月後の一期検閲で1等兵となり、勧誘を受け幹部候補生試験を受けますが、わざと間違え落第。初年兵訓練後は、炊事場や物干し場に集まり脱出計画を企てました。44年7月に1人、8月に6人が脱出しますが、許氏自身は当日は寝ずの番となり皆が逃げるのを見送ります。捕まった者は小倉刑務所に収容されました。

44年11月、許氏ら2人に転属命令がありますが、気が狂ったふりをして医務室に運ばれ、数カ月間営倉（懲罰房）に入りました。もう一人は「南方」へ送られ輸送船の撃沈で戦死します。45年2月、本土決戦準備のため第96師団歩兵第293連隊に編成され、45年3月、済州島へ移動。そこで解放を迎えました。

（あきおか　あや・韓国　水原外国語高校教師）

光復運動

〝時局〟に背、怠業で抵抗した民衆

趙　景達

１９３７年７月の日中戦争以降、朝鮮にも総力戦体制が敷かれた。総督府は人々に戦争協力を強い、知識人の中には心ならずも協力させられる者が現れるようになった。戦争が朝鮮人の立場を強くするとして積極的に日本に加担する者も少なからずいた。韓国にはこの時の後遺症が今でもある。いわゆる親日派問題の淵源《えんげん》である。

民衆も戦争協力を強いられたのはいうまでもないが、民衆の場合は「面従腹背」する者が圧倒的であった。日中戦争が開始されるや、総督府は時局認識を徹底させるために時局座談会なるものを各地で開催した。

しかし、民衆の関心は「時局に関するもの極めて尠《すく》なく、其殆《そのほとん》どが農事に関するもの、食糧に関するもの、あるいは物資需給竝《もしくは》物価生活当面の問題のみ」であった（「最近に於ける農村民衆の動向」『高等外事月報』12号、１９４０年）。朝鮮には日本の隣組に相当する愛国班が整然と組織されたが、その活動も不活発であり、当局をやはり嘆かせた。

経済事犯いわゆるヤミ行為も増大し、39年から43年にかけて10倍以上に増えた。食糧供出に対しても民衆は、逮捕拘禁されるのを覚悟の上で、「業務執行妨害」や「反時局的言動」などのさまざま抵抗を試みた。村ぐるみで、警官などの供出部隊がやってくるのを警戒し、米穀の「不正」販売や「不正」隠《いん》匿《とく》を行った。

また工場労働者も、敢行困難となったストライキに代わって怠業戦術を駆使した。工場労働者の1人当たり生産額は、36年を100とすると、43年には74にまで激減している。集団逃走も後を絶たず、深山幽谷に逃れて解放（日本の敗戦）を待った徴用者も少なくない。

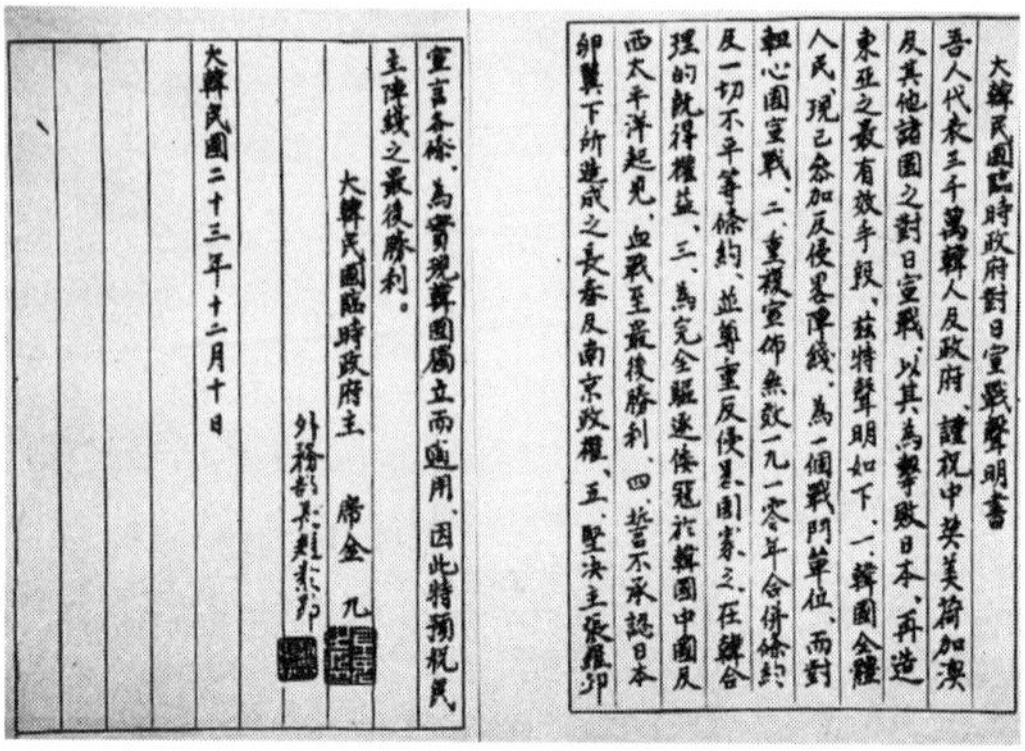
大韓民國臨時政府對日宣戰聲明書
吾人代表三千萬韓人及政府、謹祝中英美荷加澳
及其他諸國之對日宣戰、以其為擊敗日本、再造
東亞之最有效手段、茲特聲明如下、一、韓國全體
人民、現已參加反侵略陣線、為一個戰鬥單位、而對
軸心國宣戰、二、重複宣佈無效一九一零年合併條約
及一切不平等條約、並尊重反侵略國家之在韓合
理的既得權益、三、為完全驅逐倭寇於韓國中國及
西太平洋起見、血戰至最後勝利、四、誓不承認日本
卵翼下所造成之長春及南京政權、五、堅決主張羅邱
宣言各條、為實現韓國獨立而適用、因此特預祝民
主陣線之最後勝利。
大韓民國臨時政府主　席金　九
外務部長趙素昂
大韓民國二十三年十二月十日

1941年12月10日に日本が太平洋戦争に突入したのを受け大韓民国臨時政府の名で発表された対日宣戦声明書（独立紀念館所蔵）

■日本敗北預言の新興宗教広まる

こうした中、民衆の間では流言が広まり、日本の敗北を期待する「不穏落書」「不穏ビラ」

「不穏投書」などが出回り、当局を過敏にした。わけても、日本の敗北と教祖による新王国の誕生を預言する新興宗教の活動は、際立っていた。植民地朝鮮では終末宗教がはびこり、それに救いを求める者が少なくなかった。ほとんどは貧窮農民である。

1940年11月〜41年9月の間にも18教団が検挙されている。それらは、もっぱら民族運動弾圧の悪法である保安法違反での検挙である。37年7月から39年4月までの2年足らずの間に保安法違反で検挙された者のうち、70％は新興宗教関係者であった。総督府は、知識人の民族運動より新興宗教の活動の方をはるかに警戒していたかのようである。

■国民服脱ぎ捨て「独立万歳」叫ぶ

もっとも、知識人も地下に潜って秘密結社活動を展開し、朝鮮内と日本内を含めて地下組織は200あまりに上っている。中でも有名なのが、44年8月に呂運亨《ヨウンヒョン》を指導者に結成された朝鮮建国同盟である。呂は1919年の三・一独立運動後、上海で結成された元大韓民国臨時政府の要人であり、逮捕されて帰国を余儀なくされた後も、新聞社主などとして活躍し、抜群の人望を誇る人物であった。

この組織は全国に細胞組織をもち、農民同盟も作った。農民同盟は戸籍簿焼却や鉄道破壊、徴用徴兵忌避支援などの活動を展開した。また、建国同盟は独立宣言文を起草する作業まで行っていた。

そうした中、45年7月24日の府民館爆破事件が起きる。これは、秘密結社の愛国青年党が起こしたもので、時局大会であるアジア民族憤激大会を破壊するためになされた爆弾事件であった。大会は修羅場と化した。

こうして解放の日が訪れる。総督府政務総監の遠藤柳作《りゅうさく》は8月14日夜、ひそかに呂運亨を招き、ポツダム宣言受託にともなう治安維持協力を求めた。呂はそれを受諾した。翌15日、正午を迎え「玉音放送」が流れると、すぐに国民服やモンペを脱ぎ捨て白衣の民族服に着替えた人々が、京城（現ソウル）の街に繰り出して「独立万歳」の歓声を鳴り響かせた。それは日本「内地」とはまるで違う光景であった。


（チョ　キョンダル・歴史研究者）

Ⅶ　植民地支配責任を問う

在日朝鮮人　**帰還後の生活難を恐れ、とどまる**

鄭　栄桓

在日朝鮮人とは、植民地支配の結果として日本へと渡らざるを得なくなり、解放（日本の敗戦）後も日本に残ることになった人々を指します。

第１次世界大戦での好況を機に渡日者は増えはじめ、朝鮮農村の経済的疲弊を背景に、その人口は１９３５年には60万人を超えます。さらに１９３７年に日中全面戦争が始まったあとは、戦時強制連行により多くの人々が連れてこられ、１９４４年現在で約１９３万７０００人を数えました。

■持ち出し財産に制限を付けられ

日本の敗戦後、強制連行された労働者を中心に多くの人々は母国へと帰りましたが、それでも1946年3月の時点で約64万8000人が日本に暮らしていました。この人々が解放後の在日朝鮮人の母体となります。

この人々はなぜ朝鮮が解放された後も、日本に残ったのでしょうか。日本政府による調査によれば、残った約64万人のうち約51万4000人が帰還を希望したといいます。植民地時代を通して、母国と日本の朝鮮人たちのあいだには「国境をまたぐ生活圏」（朝鮮史研究者・梶村秀樹の表現）がつくられており、人々は故郷との強い結びつきをもっていたからでしょう。

しかし、帰還に際して持ち出せる財産には制限があり、なにより日本で生活の基盤を築かざるを得なかった人々にとって、生業《なりわい》を整理したただちに帰ることは容易ではありませんでした。同じ調査の「帰国忌避理由」の圧倒的多数は、朝鮮の劣悪な経済状況や頼るべき親類の不在など、帰還後の生存への憂慮でした。

当時の朝鮮は東アジア全域からの帰還者であふれかえっており、深刻な経済難・食糧難・住宅難にあえいでいました。1946年にはむしろ日本へ戻ってくる者も増えはじめます。

■日本での生活と権利守るために

朝鮮人たちはこうしたなか、日本での生活と権利を守ると同時に、また海外にありながらも朝鮮の独立に関わるための団体をつくることになります。さまざまな団体がありましたが、なかでも1945年10月に結成された在日本朝鮮人連盟（朝連）は全国に組織を持つ最大規模の団体でした。

故郷へ帰るため博多港に押し寄せた朝鮮の人たち＝1945年10月、木村秀明編『進駐軍が写したフクオカ戦後写真集』（西図協出版）より（在日韓人歴史資料館所蔵）

とりわけ急を要したのは朝鮮人たちの生命と財産を守ることでした。そもそも人々が急いで母国へと帰った理由のひとつに「終戦直後、関東大震災のような虐殺事件が起こるかもしれないという恐怖心」があったと朝連では理解していました。

虐殺事件後に政府が真相調査や責任者追及を行わなかったため、その後も「朝鮮人が爆弾を投げた」などのデマを事実だと考えていた日本人は少なくありませんでした。同種の流言は空襲や敗戦の混乱のなかでも広まり、朝鮮人たちに恐怖心を抱かせたのです。

朝連はこのため、保安隊や自治隊を組織して、日本人とのトラブルを未然に防ごうとしました。また、炭坑・事業所での帰国や退職慰労金・死傷者への特別慰謝料支払いなどを求める労働争議の支援にも携わりました。朝連は1946年10月で340件・関係人員4万3314人の争議を解決し、解決金額は約2687万円にのぼったといわれます。

しかし、人々が中長期的に日本で暮らさざるを得なくなることが明らかになるにつれ、朝連の活動は帰国や争議の支援から、生活や教育へと重点を移していきます。特にいずれ母国へ帰ろうとする人々にとっては、子どもの教育の問題も重要な課題でした。

朝鮮人たちが各地につくった国語講習所を基盤に、朝連は学校を設立し、教科書もいちはやく出版して体系的な民族教育を実施していきます。また児童のみならず青年のための学校や成人のための識字教育をおこなう学校も開かれました。

こうして、1948年の時点で全国に550を超える初等学校がつくられ、約5万人の児童が学ぶことになったほか、中学校、高校もつくられていきます。在日朝鮮人の解放後の歴史は、こうして新たな一歩を踏み出すことになったのです。


（チョン　ヨンファン・明治学院大学教授）

在日朝鮮人の権利

治安乱す存在とみて登録・管理

鄭　栄桓

敗戦後、日本の朝鮮人に対する政策は、植民地支配を反省しともに生きる権利を認める姿勢とはほど遠く、むしろ治安を乱す存在とみる植民地時代の発想を色濃く残すものでした。

■参政権奪い取り容赦なしに送還

日本政府はまず、1945年12月に衆議院議員選挙法を改正して朝鮮人・台湾人の参政権を停止します。「天皇制廃絶」を訴える候補が朝鮮人からでるのではとおそれたからです。

さらに「解放民族」としての処遇を求める朝鮮人の訴えをしりぞけて引き続き「臣民」として扱う一方、1947年5月2日に施行された外国人登録令にかぎって、日本国籍を有したまま「外国人とみなす」として朝鮮人・台湾人に登録の義務を課しました。

18歳のときに広島で被爆し、のちに被爆者健康手帳の交付を求めて行政訴訟を起こした孫振《ソンシン》斗《ドゥ》さんも、1951年に登録をしなかったことを理由に韓国へ強制送還されました。日本生ま

1950年12月20日、守山朝鮮学園（愛知県守山市）に押し寄せて子どもたちをつかみ出す日本の警官たち（「中部日本新聞」1950年12月21日付＝在日韓人歴史資料館提供）

れで朝鮮語を話すことができなくても容赦なく送還したのです。

とりわけ朝鮮人の強い反発を買ったのは、朝鮮学校に対する閉鎖命令です。1948年1月、文部省は通達を発して、朝鮮人児童にも就学義務があるとする一方で、学齢児童を対象にする各種学校の設置は許さないとしました。これでは独自のカリキュラムを設けて朝鮮語による民族教育を行っていた朝鮮学校の存続は困難になります。

■民族学校閉鎖で非常事態宣言が

在日本朝鮮人連盟（朝連）は撤回を求めて抗議しますが、大阪や兵庫などの知事はこの通達に従い学校閉鎖を命令します。命令撤回を求めてさらに抗議を繰り返した人々に対し、ついに米軍が非常事態宣言を発令して、神戸では1900人近くを逮捕し、大阪では16歳の少年・金太一を警官が射殺するという大惨事が発生しました。朝連はこうして学校教育法に従って教育することを受け入れざるをえなくなりました。

四・二四教育闘争（阪神教育闘争）と呼ばれるこの事件には、米ソ冷戦と朝鮮の分断が暗い影を落としています。米軍は民族教育の擁護を求める運動を、韓国の制憲議会選挙を妨害するものと考え強硬姿勢に出たのです。日本の同化主義と、米国の反共主義の利害が一致するなか、打ち砕かれたのは子どもたちに自分たちの文化や歴史を教えたいという素朴な願いでした。

1949年9月には、朝鮮民主主義人民共和国（北朝鮮）を支持する朝連は団体等規正令（現在の破防法につながった）に違反するとして解散させられ、朝鮮学校も閉鎖されることになりました。

■選択の余地なく一律に国籍喪失

1950年に朝鮮戦争が起こり母国が戦火につつまれるなか、朝鮮人はさらに「権利なき地位」へと押し込まれていきます。1952年4月に対日平和条約（サンフランシスコ講和条約）が発効すると、朝鮮人は選択の余地なく一律に日本国籍を喪失したとされ、外国人登録法と出入国管理令の対象となります。

当時人々の暮らしは貧しく、1952年現在の調査によると、朝鮮人の62％が「無職」でした。このため生活保護の受給者も少なくありませんでしたが、この法令により、貧困者やハンセン病者、精神病者で「生活上国又は地方公共団体の負担になつているもの」は強制送還の対象となりました。

1955年からは外登法による指紋押捺《おうなつ》の義務も課されます。条約発効後に生まれた者の在留期間は「3年をこえない範囲内」で認められるにとどまり、外国人であるがゆえに義務教育の権利はなく、朝鮮学校の卒業生も日本の上級学校への進学資格を認められずに学校教育制度の埒外《らちがい》に置かれることになります。

すべての政策が「ここにおまえたちの暮らす場所はない」とのメッセージを発しているかのようでした。1959年12月にはじまる帰国事業により、約10万人の人々が朝鮮民主主義人民共和国へと向かった理由は、新天地への希望だけではなく、新たな排除の時代となった日本の「戦後」に生きることへの失望でもあったのです。

（チョン　ヨンファン・明治学院大学教授）

植民地支配責任　戦後処理から抜け落ちたもの

板垣　竜太

日本の歴史的責任といえば、まずアジア太平洋戦争の「戦争責任」が思い浮かぶ。日本と朝鮮半島のあいだの歴史問題でも、強制労働動員や日本軍「慰安婦」制度など戦時下の問題がまずあげられる。日本の侵略戦争が膨大な被害をもたらしたのだから、このことが筆頭に掲げられるのは当然である。

■太平洋戦争前の反人道的な犯罪

ただ、この「日韓の歴史をたどる」シリーズでも論じられてきた植民地下での三・一独立運動（1919年）や関東大震災での民衆虐殺（1923年）、あるいは植民地化過程での義兵の殺戮《さつりく》など、アジア太平洋戦争前に起きたことは、従来の戦争責任という枠組みでは、とうてい捉えきれない。そうした観点から提起されてきた概念が「植民地支配責任」である。

植民地支配責任という考え方をとることで、アジア太平洋戦争以前、戦争中、戦後の日本の

三・一独立運動の民衆のたたかいを刻んだレリーフ＝ソウル・タプコル公園（栗原千鶴撮影）

責任があらためて見えてくる。

まず戦争以前でいえば、前述の虐殺等は単なる個別ばらばらの偶然の諸事件ではなく、植民地支配下だからこそ起きたものである。すなわち、植民地という「一つのシステム」（サルトル）が引き起こした反人道的な犯罪であるという観点から、一連の問題として見る必要がある。

■内地ではなくて占領地でもない

戦争中の問題に関していえば、日本軍「慰安婦」制度や戦時強制労働動員は、内地でも占領地でもなく、他ならぬ植民地だからこそ構造的に可能だった側面がある（『Q&A朝鮮人「慰安婦」と植民地支配責任』２０１８年、御茶の水書房）。内地では法的に禁じられていた未成年者の「慰安婦」としての動員は、植民地では、国際法適用の留保という抜け穴が用意されていたからこそ可能となった。異なる法制度を適用していたからこそ、援護施策のともなわない朝鮮人の戦時労働動員が広範におこなわれることになった。これらの問題は戦争責任と植民地支配責任が重なる領域にある。

さらに日本の「戦後処理」からは、いわば「植民地支配後処理」が抜け落ちてきた。極東国際軍事裁判（東京裁判）に際しては、在日朝鮮人や南北朝鮮から朝鮮総督府の罪を問う声があがっていたが、植民地の人々への加害に対する責任は問われないまま終わった。サンフランシスコ講和会議には、南北朝鮮も参加を希望していたが、かなえられなかった。その後、朝鮮半島の南の政権とは1965年に日韓条約が結ばれたが、北の政権とはいまだ何の「植民地支配後処理」もおこなわれていない。

■問題を今に残す、賠償なしの条約

そして現在、この日韓条約が両国間の関係における問題の源泉となっている。韓国政府は当初より植民地支配の賠償を求めていたが、日本政府は当時の法令で支払うべきだったもの以外は考慮に入れようとしなかった。結局、日本からの資金をテコに「上」からの近代化を進めようとした朴正熙《パクチヨンヒ》軍事政権が妥結を急いだため、経済協力のみで賠償はなし、そして請求権は相互に放棄するという内容の条約が結ばれてしまった。

このとき放棄された請求権は外交保護権とよばれるものである。被害を受けた個人が相手国や企業等に請求する権利（個人請求権）までが消滅したわけでないことは、当初より日韓共通の理解だった。ところが今世紀に入るころから、日本政府側は個人請求権の行使可能性を否定するようになった。

一方、韓国では被害者や支援者の粘り強い取り組みの結果、個人請求権の継続を前提とした司法判断を勝ち取った。ここにあるのは両国間の日韓条約の解釈のズレであり、そこに解決すべき植民地問題があるのだが、日本政府はそれを「国際法違反」だと言いつのるのみである。

こうして20世紀日本の植民地支配責任は、未済のまま21世紀を生きる私たちに相続されている。その過去を克服するところにこそ、未来の東アジアの平和と人権が開けてくる。

（いたがき　りゅうた・同志社大学教授）

『反日種族主義』に見る韓国　日韓合作の歴史修正主義

鄭　栄桓

「韓国の嘘つき文化は国際的に広く知れ渡っています」。２０１９年に刊行されて以来、韓国で10万部、日本では40万部を売り上げた『反日種族主義』（未来社、日本版は文藝春秋）のプロローグは、この衝撃的な一文から始まります。

編著者の李栄薫《イヨンフン》（元ソウル大学経済学部教授）は「嘘つき文化」の根本には隣人を悪の種族とみなすシャーマニズムがあり、韓国社会には悪の隣人たる日本にはどんな嘘も許されるとみなす精神文化＝「反日種族主義」がはびこっていると主張します。

こうした認識をもとに、朝鮮総督府による土地や米の収奪や日本軍「慰安婦」の強制連行は「でたらめな作り話」「無知の所産」「悪意の捏造」であると批判するのが、この本の論旨です。

■「揺り戻し」

なぜこのような本が韓国であらわれたのでしょうか。これを理解するためには、２０００年代はじめから本格化した歴史認識をめぐるバックラッシュ（揺り戻し）現象をふりかえる必要があります。

韓国の歴史教科書は長らく国定でしたが、03年度から中学の「国史」と高校の「韓国近現代史」（選択科目）で検定済み教科書が用いられるようになりました。すると一部の教科書が「親北（北朝鮮）・反米・反企業」的であるとの批判が保守政治家から巻き起こり、05年には保守系の研究者たちが「教科書フォーラム」を結成して教科書の「左偏向」を改めることを求めます。

このグループはその後「代案教科書」と呼ばれる近現代史の書籍を刊行することになりますが、その代表執筆者を務めたのが『反日種族主義』の編著者の李栄薫です。

李栄薫らの「代案教科書」は、韓国の歴史を市場経済と民主主義を定着させ産業化を実現させた「成功国家」として描き出す一方、植民地下の収奪や人権弾圧の記述は最小限におさえ、むしろ「親日派」（日本の植民地支配の協力者）たちを、創意あふれる活動で後の経済発展を準備した企業家として高く評価します。

その主張は日本の「自由主義史観」とよく似ています。同時に、韓国の権威主義体制や開発独裁を肯定的に描こうとする李栄薫らの運動は、民主化以降にあらわれた、韓国の国家暴力と反共主義的な歴史認識を問い直す営みへのバックラッシュといえます。

保守政権期には政治的にも大きな影響力を及ぼし、李明博《イミョンバク》政権は「左偏向」教科書への介入を強め、朴槿恵《パククネ》政権は国定教科書を復活させました。しかし、その後、朴槿恵大統領が弾劾により退陣し、保守政権の不正や腐敗をただす声が高まるなか文在寅《ムンジェイン》政権が出帆します。『反日種族主義』が刊行されたのはこうした状況でした。プロローグ「嘘をつく政治」で批判されるのは李・朴両政権の「嘘」ではなく、これを批判した人々の「嘘」です。その政治的スタンスは明確といえるでしょう。

■SNS使い

こうして「成功国家」として描くべきとされた韓国は、一転して「嘘の国」として糾弾されることになったのです。李栄薫らはSNSやYouTubeを通して新たな支持者をつかみ、日本の歴史修正主義グループともネットワークを構築しながら、文政権に不満を抱く層の受け皿となっていきました。

植民地支配を肯定的に描き、徴用工裁判原告の主張を「嘘の可能性」が高いと決めつける、こうした「反日種族主義」の流行を、韓国の社会学者・康誠賢は日韓「合作」の現象だと指摘します（康誠賢『歴史否定とポスト真実の時代』2020年、大月書店）。

朝鮮民族への偏見をうえつけ、植民地支配を美化するような本が、ほかならぬ韓国で少なくない読者を獲得した背景には、日本からヒントを得た韓国版歴史修正主義の運動があったからです。日本での歴史修正主義の伸張が、韓国の「反日種族主義」現象に養分を与え続けていることを忘れてはならないでしょう。

（チョン　ヨンファン・明治学院大学教授）

〈執筆者紹介〉50音順

秋岡　あや（あきおか　あや）

1983年生まれ。一橋大学大学院博士課程単位取得退学（朝鮮近現代史）。韓国・水原外国語高校教師。「元農耕勤務隊黄敬騎氏のインタビュー」（共著、2012年）ほか

李　省展（イ　ソンジョン）

1952年生まれ。恵泉女学園大学名誉教授。『植民地朝鮮―その現実と解放への道』（共著、東京堂出版、2011年）、『東アジア近現代通史―アジア研究の来歴と展望』（共著、岩波書店、2011年）ほか

板垣　竜太（いたがき　りゅうた）

1972年生まれ。同志社大学教授（朝鮮近現代社会史）。『朝鮮近代の歴史民族誌』（明石書店、2008年）、『日韓　新たな始まりのための20章』（共編著、岩波書店、2007年）ほか

井上　勝生（いのうえ　かつお）

1945年生まれ。北海道大学名誉教授。『東学農民戦争と日本』（共著、高文研、2013年）、『明治日本の植民地支配 北海道から朝鮮へ』（岩波現代全書、2013年）ほか

糟谷　憲一（かすや　けんいち）

1949年生まれ。一橋大学名誉教授。朝鮮史研究会元会長。『朝鮮半島を日本が領土とした時代』（新日本出版社、2020年）、『朝鮮現代史』（共著、山川出版社、2016年）ほか

加藤　圭木（かとう　けいき）

1983年生まれ。一橋大学准教授。『だれが日韓「対立」をつくったのか』（共著、大月書店、2019年）、『植民地期朝鮮の地域変容』（吉川弘文館、2017年）ほか

加藤　直樹（かとう　なおき）

1967年生まれ。ノンフィクション作家。『トリック　「朝鮮人虐殺」をなかったことにしたい人たち』（ころから、2019年）、『九月、東京の路上で』（同、2014年）ほか

金　文子（キム　ムンジャ）

1951年生まれ。朝鮮史研究者。奈良女子大学文学部卒。『日露戦争と大韓帝国』（高文研、2014年）、『朝鮮王妃殺害と日本人』（同、2009年）ほか

佐藤　広美（さとう　ひろみ）

1954年生まれ。東京家政学院大学教授（教育学・教育学史）。『「誇示」する教科書』（新日本出版社、2019年）、『植民地支配と教育学』（皓星社、2018年）ほか

愼　蒼宇（シン　チャンウ）

1970年生まれ。法政大学教授。『日韓の歴史問題をどう読み解くか』（共著、新日本出版社、2020年）、『植民地朝鮮の警察と民衆世界　1894-1919』（有志舎、2008年）ほか

宋　連玉（ソン　ヨノク）

1947年生まれ。青山学院大学名誉教授、文化センター・アリラン館長。『軍隊と性暴

力』（共編著、現代史料出版、2010 年)、『脱帝国のフェミニズムを求めて』（有志舎、2009 年）ほか

趙　景達（チョ　キョンダル）

1954 年生まれ。歴史研究者。『朝鮮の近代思想——日本との比較』（有志舎、2019 年)、『近代朝鮮の政治文化と民衆運動——日本との比較』（同、2020 年）ほか

鄭　栄桓（チョン　ヨンファン）

1980 年生まれ。明治学院大学教授（在日朝鮮人史、朝鮮近現代史)。『忘却のための「和解」』（世織書房、2016 年)、『朝鮮独立への隘路　在日朝鮮人の解放五年史』（法政大学出版局、2013 年）ほか

中塚　明（なかつか　あきら）

1929 年生まれ。奈良女子大学名誉教授。『日本人の明治観をただす』（高文研、2019 年)、『これだけは知っておきたい日本と韓国・朝鮮の歴史』（同、2002 年）ほか

樋口　雄一（ひぐち　ゆういち）

1940 年生まれ。朝鮮史研究者。元高麗博物館館長。『植民地支配下の朝鮮農民』（社会評論社、2020 年)、『戦時下朝鮮の農民生活誌』（同、1998 年）ほか

藤永　壯（ふじなが　たけし）

1959 年生まれ。大阪産業大学教授（朝鮮近現代史)。『岩波講座　アジア・太平洋戦争 4　帝国の戦争経験』（共著、岩波書店、2006 年)、『戦争・暴力と女性 3　植民地と戦争責任』（共著、吉川弘文館、2005 年）ほか

洪　昌極（ホン　チャングク）

1987 年生まれ。一橋大学大学院博士後期課程修了（朝鮮近代史・農業史)。日本学術振興会特別研究員 PD。主な論文に「植民地期における朝鮮内農業移民政策と干拓事業」「植民地朝鮮における水利秩序と植民地権力」

松田　利彦（まつだ　としひこ）

1964 年生まれ。国際日本文化研究センター教授。『植民地帝国日本における知と権力』（思文閣出版、2019 年)、『日本の朝鮮植民地支配と警察』（校倉書房、2009 年）ほか

水野　直樹（みずの　なおき）

1950 年生まれ。京都大学名誉教授。『在日朝鮮人—歴史と現在』（共著、岩波新書、2015 年)、『創氏改名』（岩波新書、2008 年）ほか

吉野　誠（よしの　まこと）

1948 年生まれ。東海大学名誉教授。『東アジア史のなかの日本と朝鮮』（明石書店、2004 年)、『明治維新と征韓論』（同、2002 年）ほか

日韓《につかん》の歴史《れきし》をたどる——支配《しはい》と抑圧《よくあつ》、朝鮮蔑視観《ちょうせんべつしかん》の実相《じつそう》

2021年4月20日　初　版
2022年6月15日　第2刷

編　者　赤旗編集局
発行者　角田真己

郵便番号　151-0051　東京都渋谷区千駄ヶ谷4-25-6
発行所　株式会社　新日本出版社
電話　03（3423）8402（営業）
03（3423）9323（編集）
info@shinnihon-net.co.jp
www.shinnihon-net.co.jp
振替番号　00130-0-13681

印刷　亨有堂印刷所　　製本　小泉製本

落丁・乱丁がありましたらおとりかえいたします。

ISBN978-4-406-06591-7 C0031　Printed in Japan